员工招聘与培训管理

韩杰——著

天津出版传媒集团
天津科学技术出版社

图书在版编目（CIP）数据

员工招聘与培训管理 / 韩杰著. -- 天津 : 天津科学技术出版社, 2024. 7. -- ISBN 978-7-5742-2336-3

Ⅰ. F272.92

中国国家版本馆CIP数据核字第2024G0V230号

员工招聘与培训管理

YUANGONG ZHAOPIN YU PEIXUN GUANLI

责任编辑：李晓琳

出　　版：天津出版传媒集团
　　　　　天津科学技术出版社

地　　址：天津市西康路35号

邮　　编：300051

电　　话：（022）23332695

网　　址：www.tjkjcbs.com.cn

发　　行：新华书店经销

印　　刷：衡水翔利印刷有限公司

开本 670×950　　1/16　　印张 16　　字数 190 000

2024年7月第1版第1次印刷

定价：56.00元

序言

我们被充满着不确定性的 VUCA① 时代的浪潮所裹挟而上下沉浮时，又被一双无形的大手一把推进了 BANI② 时代的洪流中。

当前，外部环境的不确定性显著增加，每一个企业都在努力地应对变化。新技术不断出现，商业模式不断更迭，各行业数字化转型加速，无论是企业还是个人，无不在随着时代的变化飞速奔跑。

在充满未知与不确定性的时代，作为人力资源从业者，我们需要以企业战略和业务发展为基础，快速地更新知识、进化能力，帮助企业高效地获取并培养为实现企业战略所需要的人才，开发人力资源的

① VUCA 是 Volatility（易变性）、Uncertainty（不确定性）、Complexity（复杂性）、Ambiguity（模糊性）这 4 个英文词的缩写，源于军事用语，在 20 世纪 90 年代被普遍使用。

② BANI 一词是雅迈·卡肖（Jamais Cascio）在 2016 年与他人合作创造的，是 Brittle（脆弱）、Anxious（焦虑）、Nonlinear（非线性）、Incomprehensible（不可理解）这 4 个英文词的缩写。

潜力，激发员工的内驱力，不断提升企业的吸引力、凝聚力、向心力和战斗力。在这个新的时代，人力资源从业者要成为企业变革的推动者。

本书作者从十余年大型企业人力资源工作的视角出发，对于在大多数企业人力资源工作中占比较大的招聘与培训两个模块总结了一些经验和思考，结合互联网时代人力资源工作的新实践、新探索，写就了《员工招聘与培训管理》这本书。

本书分为上下两篇，包含十章内容。上篇涵盖了招聘的各个环节，提供了易懂的知识、实用的方法和具体的操作。如果说招聘是管理者慧眼识才，招贤纳士，那么培训就是知人善任，量才而用。下篇从员工培训管理、员工培训流程、策划培训方案的要领和技巧等方面对培训进行了详细介绍。

希望本书能使从事人力资源工作的朋友们获得一些新思路和新启发。

目录

上篇　员工招聘

第一章　打好招聘这场仗

第二章　战略招聘管理要做的准备

下篇　培训管理

第七章　员工培训管理

第八章　策划培训方案的基本要领

第九章 新员工入职培训方案

第十章 管理人员培训方案

附 录

上篇

员工招聘

企业的发展离不开人才，要想发挥出人力资源的价值，企业就要对员工进行持续的选拔、培养、激励、汰换。员工的招聘与选拔是人力资源工作的基础，就像种树一样，要想把一颗种子培养成参天大树，需要阳光的照射、雨露的灌溉和营养的供给等条件，但前提是，要有一颗健康的种子。招聘要做的，就是选出健康的“种子”，给参天大树的养成打下坚实的基础。

很多人力资源从业者在接触人力资源工作时，最先接手的就是招聘工作。随着时代的发展和科技的进步，企业招聘在拥有很多便利条件的同时，也面临更大的挑战。招聘工作者在正确理解企业战略的前提下，不仅需要持续提升人力资源专业领域的知识、沟通协作能力、应变和适应能力，还需要不断地尝试和探索线上线下融合的招聘模式，协助企业做好雇主品牌建设，运用新技术打造精益化高效招聘，真正构建起“以人为本”的高效招聘体系。

第一章 打好招聘这场仗

第一节 招聘是一场营销

招聘是整个人力资源管理系统的开始，也是人力资源工作的基础。开展招聘工作，必须明确企业招聘的目的——满足企业经营与发展过程中所需要的人力资源，推动企业战略目标的实现。

为什么说招聘是一场营销?

以前，企业需要招人时，我们发布招聘信息，然后坐等收简历，组织面试，挑挑拣拣，选出合适的人录用——“招人的”高高在上，手握大权。随着时代的发展和新商业模式的不断涌现，随着新生代员工涌入职场，我们发现，招聘工作越来越难做了，想招到合适的人才更是难上加难。

面对企业的招聘任务和新时代的招聘形势，负责招聘的人力资源工作者（Human Resources，以下简称“HR”）不得不使出浑身解数把招聘广告写得博人眼球，向应聘者介绍企业的优势和实力，对应聘者关怀备至、小心呵护，生怕面试时被“放鸽子”；为候选人争取更好的福利和待遇以免被其他企业挖走；待员工入职后，贴心关怀，帮助其融入企业……

这一系列操作是不是像极了努力让消费者选择自家产品的销售人员？营销是什么？营销指企业发现或发掘准消费者需求，让消费者了解该产品，进而购买该产品的过程。我们可以从营销的视角来思考招聘工作。

如果从传统人力资源工作的视角出发，为了提升招聘质量，我们会把重心放在提高人力资源专业知识、提升面试技巧等方面。当然，这很重要。但在当下的人才争夺战中，这些努力还远远不够，我们要站在更高的层面去看待和解决当下遇到的问题。

而从营销的视角出发，我们可以把招聘看作是一场营销，我们所销售的产品就是我们的企业和岗位，众多应聘者就是我们的潜在客户，我们要做的是了解细分市场的相关知识（行业知识和企业知识），了解产品的卖点（企业的优势），挖掘客户的潜在需求（了解候选人的诉求），明确目标客户群（知道我们要招什么岗位），知道客户在哪里以及如何联系到客户（了解候选人在哪里），根据潜在客户的需求制定有效的吸引策略（招聘宣传），向潜在客户营销企业和产品（岗位），通过沟通和讲解（面试沟通），用良好的服务（招聘流程中的纽带）最终促成成交（上岗）。成交后，还要做好产品的使用辅导（入职关怀和入职培训）、售后调研（试用期关怀）等。为了更好地吸引潜在用户，还要不断地提升产品和服务质量，提高品牌价值（雇主口碑和雇主品牌建设），提高客户的满意度，吸引和积累更多的用户和潜在用户（用户口碑传播，吸引、激励和保留人才）。

从“招聘是营销”的视角出发，从战略层面重新审视和规划招聘工作，有助于职能型人力资源向战略型人力资源转变。

第二节 招聘是企业文化的选择

企业文化影响企业的招聘策略，也决定了应聘者能否真正地融入企业，在企业中长期发展。在笔者多年的人力资源工作中，经历过许多专业、能力都很符合岗位要求的候选人，但在进入企业工作一段时间后，却因为“不适应”而离开。深思原因，大多因为与企业文化不匹配。

比如，企业招聘销售人员，看中了候选人有行业知识，沟通表达能力和抗压性都不错，却忽视了他之前的工作环境轻松，喜欢自己“单兵作战”，不喜欢被约束等情况。该人被招聘上岗后有可能适应不了现在企业销售团队的精益化管理模式，比如要参加晨夕会，要写日报、周报等，即便经过磨合，也无法适应，最终选择离职。所以，要想真正招到合适的人，要按照冰山素质模型，除了考察候选人“水面”以上的知识、技能、工作经历等硬条件是否符合要求外，还要关注候选人的个性特点、求职动机、价值观等，考察其“水面”以下的软条件能否适应企业的节奏和企业文化。

招聘是一个双向选择的过程。企业在选择与自身有相同价值观的候选人的同时，应聘者也在审视着企业，也在选择自己能适应的、认可的企业文化。一家企业的企业文化体现在全体员工所展现出来的精神风貌、行事作风上。应聘过程中，应聘者接触到的员工面貌是积极阳光还是消极懈怠；面试过程中，面试官是准时、礼貌、专业，还是迟到、傲慢、敷衍；招聘流程的安排以及接待工作是井井有条还是杂乱无章；企业的办公环境是整洁明亮还是混乱晦暗……这些，都会让应聘者在心中构建起对企业的印象和评价。此外，在面试过程中，面试官，特别是中、高层管理人员，还会通过不同方式展示企业的愿景、使命，去吸引与企业志同道合、同频共振的候选人，用价值观和企业的理念评价候选人。

这就对我们参与招聘环节的工作人员提出了具体的要求：要学习和了解企业文化，要身体力行地践行企业文化，要通过各种途径展示和宣传企业文化。

当然，企业文化并非一成不变，企业文化会随着时代更迭而变化，会随着企业发展的不同阶段、新思想理念的冲击而变化。不同经历、不同学历、不同工作经验的新员工的习惯和理念，与已经形成的企业文化相互磨合、相互碰撞、相互影响，会为企业文化带来新的冲击。新旧文化如果能够相互融合和吸收，将使原有的企业文化更具包容性，更能适应企业当下和未来的发展；反之，如果二者排斥性大，无法融合，新员工和企业互相不适应彼此原有的文化，那么，不是员工离开企业，就是企业淘汰员工。

第三节　企业战略指引招聘工作

一位负责招聘的朋友向笔者诉苦：自己每天认认真真、勤勤恳恳地工作，每月的招聘目标能勉强达成，一年中也有三四个月招聘结果超出预期，为什么老板总是对招聘工作不满意？其实，想要上级满意，自己能升职加薪，重点永远不是自己付出了多少努力，而在于自己到底为企业创造了多少价值，这也是战略招聘管理相较于传统招聘工作最大的区别。

举个例子，要想真正评价招聘工作的价值，就需要我们把关注和汇报的重点，从每个月下载了多少简历、邀约了多少人面试、入职了多少人、留存了多少人，变成“上周我每天获取 30 份精准简历，平均每天邀约 2 名面试者，预计下周共 4 名待入职人员；本周入职 4 人，目前均留存；上月入职的 15 人中，本月留存 12 名，有 10 人已完成首单开单任务，创造了 ××× 万元的业绩……”

要想真正创造价值，就要培养自身的战略视野。

作为招聘工作者，首先要关注和理解企业中长期战略目标和发展规划。企业的战略就是招聘工作的“航灯”，指引着招聘工作前进的方向。企业战略的实现离不开人力资源的保障，我们只有了解企业的中长期发展规划，才知道要为企业做哪些人才的储备，从而有效搭建招聘“蓄水池”和设计人才培养机制。比如，同样是招聘程序员，如果知道企业未来会拓展金融业务板块，在同等条件下，招聘时我们就会优先选择有金融行业背景的程序员。

除了了解企业中长期发展方向，HR 还需要深入参与企业年度工作规划的制定，了解行业情况，了解企业和标杆企业的差距，企业存在的问题，发现支撑企业解决问题或达成目标的人力资源需求，发现企业现有人力资源情况和存在的问题，结合人力资源市场情况等，制订年度人力资源补充计划，然后按照季度、月度进行目标分解，推进计划落实。

理解了企业的战略和规划，HR 就会知道企业真正需要什么样的人才，就会避免只重招聘数量却不重招聘质量的“凑人头”问题，帮助企业获得和储备发展过程中所需要的关键人才，通过招聘工作的升级，驱动人力资源管理工作转型升级为战略人力资源管理。

根据具体的业务开展规划，我们每年需要制定企业的人力资源规划。要根据市场调研的数据提早梳理全年招聘计划、渠道策略、人才吸引策略以及各岗位的招聘流程等。同时，需要提前谋划和布局人才供给路径，比如，哪些岗位可通过内部培养转岗获得，哪些岗位可通过外包购买获得，哪些重难点岗位需要猎头定向获取，从而做到以企业发展需求为导向，以市场人力资源情况为背景，以企业招聘策略为框架，通过有针对性的招聘渠道策略、宣传吸引策略，整合招聘体系及流程，达到获取人才的目的。当我们搭建了系统的招聘体系，并能按计划逐项推进后，具体岗位的招聘就水到渠成了。

第四节　找准招聘工作定位

俗话说：“方向不对，努力白费。”不仅是招聘，做任何工作，都需要明确目标和方向，找准工作定位。对于招聘工作，企业的战略就是指引方向的“航灯”，一切努力都要围绕企业用人需求展开。

招聘绝不仅仅是发布信息、收集简历、电话邀约、面试这么简单。工作中，我们要建立系统的思维，从招聘流程上来说，招聘工作始于人力资源规划，终于新员工的转正。招聘工作要先进行布局，从年度规划的顶层设计来考虑，通过人力资源体系对现有资源进行全面盘点并制定战术。

本书将从战略招聘管理要做的准备、招聘需求管理与计划制定、高效的人员甄选评价策略、人员的录用与留存管理、招聘结果评估等 5 个方面，详细地分享如何构建系统的招聘体系。

有了系统的招聘体系，在执行的过程中，需要对标目标不断纠偏，随时发现隐患，有效地解决问题。招聘过程中，要想及时发现核心问题，离不开对招聘环节各项关键数据的跟踪和分析，这就要求负责招聘工作的人一定要建立数据思维，在日常的招聘工作中做好数据的统计和分析，根据企业不同阶段的招聘重点，持续吸引和获取关键人才。

当下是一个充满变化和挑战的时刻，对于从事招聘工作的人来说，在抱怨和改变之间，我们可以选择成为企业变革的推动者，这就需要我们练就以下几方面的能力。

（1）经营者思维：以企业战略驱动招聘工作，注重雇主品牌建设，建立企业发展所需要的人才蓄水池，帮助企业降低招聘成本，通过系统的招聘体系，为企业发展提供优质的人力资源保障。

（2）业务敏感度：要了解行业、了解业务，协助业务部门厘清开展业务所需关键人才的核心能力，深入洞察和挖掘核心招聘需求，制定多元化人才招聘策略。

（3）分析与解决问题的能力：打造数据驱动的招聘流程，及时发现和分析招聘环节中的问题，提出有效的解决方案并执行，达到预期效果。

（4）应变及适应能力：在不可预测和多变的环境中，做好企业所需人力资源的分析和储备工作，用积极心态拥抱变化，化压力为动力，快速响应企业对人才的需求，不断探索新的招聘工具和模式。

（5）招聘知识技能：修炼内功，不断学习人力资源知识，精通招聘技巧，掌握相关技能，如绘制人才画像、简历筛选、电话邀约、面试方法和技巧、与候选人沟通的技巧，等等。

（6）沟通协调能力：完成招聘计划的过程，就是完成一个“招聘项目”。负责这项工作的人担任项目经理的角色，既需要链接内部用人部门和各级面试官、同事，又需要链接外部候选人、中介机构等，需要用平等、尊重、热情的态度与不同的人建立良好的关系，吸引、链接和保留人才。

（7）工作内驱力：这是笔者认为最重要的。要对招聘工作有热爱和敬畏之心，表现在行为上，就是有想要把这项工作做好的信心和决心，持续学习，不断探索有效的问题解决方案，在提高招聘工作价值的同时，也让自己不断增值。

第二章 战略招聘管理要做的准备

第一节 理解企业战略，明确招聘目标

一、任职资格管理是做好招聘工作的基础

作为人力资源从业者，要想真正做“战略型人力资源管理”而非只沉浸于日常事务中，就必须要清楚企业下一步的规划是什么，也就是要清楚地知道企业“要到哪里去”这个问题。知道了企业未来业务规划和方向，企业各个部门通力协作，从各自的角度出发，根据自身的职责和使命，制定详细的工作开展规划。比如，产品研发部门要规划新一年的产品策略、开发策略，市场部门要规划广告投放、营销宣传的计划，运营部门要规划如何“拉新（即吸引新客户）”和“促活（即促进用户的活跃度）”，销售部门要制定销售策略、核算需要的营销支持，财务部门要根据企业的资金状况制定预算和融资计划……而人力资源部门，则要根据各个部门的规划，梳理企业战略达成所需要的人力资源计划，为各个部门的战略达成提供人力资源保障。

案例

根据新一年的规划，A公司要新增“企业文化专员”岗位，系统开展公司的企业文化建设工作，且需要尽快到岗。在接到招聘需求后，人力资源部的招聘专员从招聘网站上搜索了一些岗位要求，删删减减后写了一份企业文化专员的招聘信息。招聘专员付出了很大努力，人力资源部收到了几份简历，有之前主要做营销策划宣传的小A、有曾在报社做文字编辑的小B、有曾做行政工作并且经常写文案的C……在众多面试者中，面试官选出了面试过程中表现较好的小A，由于小A之前做营销策划，期望薪资比较高，好不容易谈妥了待遇后，小A成功入职，招聘专员松了一口气。

入职一个月后，小A的上级告诉人力资源部，小A不合适，他自己也提出了离职，重新开始招聘吧！

招聘专员很不解，当时小A明明表现得很好，上级也很满意，为什么刚来了一个月，双方都觉得不满意了呢？

问题出在哪里？

上述案例就是典型的“招错人”的问题。“招错人”的成本巨大。表面上是损失了错招人员的招聘费用和薪酬福利费用，实际上，招错人还有极大的隐性成本，比如上级对其投入的管理成本、培养成本，错失正确候选人的机会成本，员工流失对团队造成的破坏成本，等等。

为什么会出现这种问题呢？大致来说，有两种可能性：一种是一开始就没想清楚要招什么样的人，即标准不明确；另一种是选人过程没有真正筛选出符合岗位要求的候选人，即问题出在人员甄选环节，这种情况我们在本书第四章详细讲解，本节主要解决选人标准不明确的问题。

当用人部门要招人时，负责招聘的人肯定要了解清楚要招什么样的人。对于这个问题的回答可深可浅，要想提高所招人员的“存活率”，我们就要帮助用人部门尽可能详细地明确用人标准，建立相关员工的胜任力素质模型。

美国著名心理学家麦克利兰提出的“冰山模型”如图 2-1 所示，为我们建立胜任力素质模型提供了理论基础。如果企业已经根据胜任力素质模型建立了系统的任职资格体系，招聘前，我们就可以明确要招哪个岗位及其职级范围，同时也明确了所招聘岗位的薪资区间，以任职资格标准作为人员甄选过程中的评价标准。

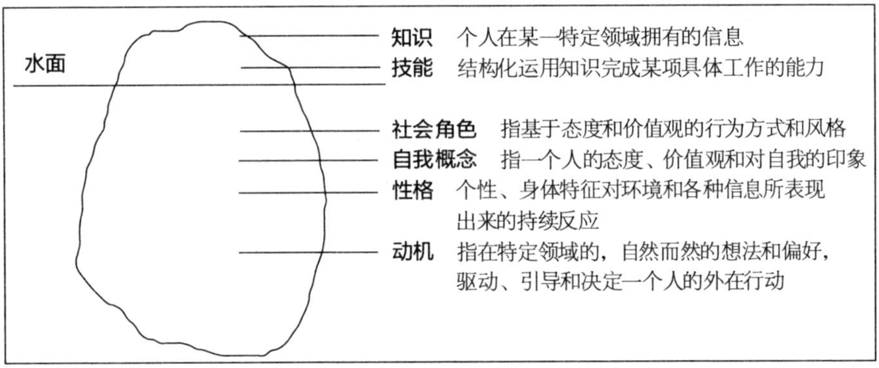

图 2-1　冰山模型

如果企业还未建立系统的任职资格体系，我们可以根据冰山模型梳理招聘需求，同时也可以以此为契机，推动任职资格体系的建立，以建立有效的招聘体系，最终招聘到合适的人员。关于招聘需求分析的具体内容将在第三章中讲到。

二、掌握企业人才地图是招聘的最高境界

很多资深的招聘工作者都认同这句话——“招聘的最高境界”是掌握一张“人才地图”。

人才地图上标记着企业需要的人才的位置，我们掌握了人才地图，就知道企业所需要的人才在哪家企业、在哪个职位、从事什么工作。

人才地图按人才所在位置可以分为两类：内部人才地图和外部人才地图。内部人才地图主要由人力资源部或组织发展部根据企业定期的人才盘点情况和绩效达成情况绘制而成，帮助企业明确现有的人力资源状况。外部人才地图主要由负责招聘的部门或专职的猎头公司绘制，围绕企业当下及未来的业务布局，积累符合企业需求的外部人力资源。绘制外部人才地图，可以在企业有需要的时候快速锁定目标人才，提升企业招聘效率。同时，人才地图还可以帮助企业做好人才招聘决策，优化岗位设置和要求。

绘制人才地图是项耗时耗力的大工程。哪些情况下适合绘制人才地图呢？有两种情况比较适合。

第一种，针对企业发展所需要的中高端、重难点岗位，或者根据企业长期战略发展所需要的岗位进行储备时。例如，企业未来2~3年计划新增商业地产业务，需要提前进行总经理及相关专业岗位人员的储备，负责招聘的人员就可以提前储备与商业地产相关的运营管理、营销管理人才。绘制人才地图可以帮助企业摸清标杆企业的人才情况，对外部人才有系统、全面的了解，同时便于企业制定合理的招聘计划及招聘标准，对关键、重要岗位的录用决策也会有一定帮助。

第二种，企业长期需要补充的岗位。例如，销售型企业每月会根据

业绩情况对销售人员进行一定比例的优化和汰换，企业每月都需要及时补充销售人员，这是企业长期需要招聘的岗位。因此，人力资源部每月需要及时、快速补充销售人员，如果提前绘制了资源丰富的人才地图，就可以快速、有效地补充人员，避免因招聘不及时造成企业用人困境。

人才地图的核心是“企业、岗位、人”这 3 个关键要素，我们可以通过 5 个步骤绘制一张人才地图。

第一步：明确目标岗位，锁定目标企业。即清楚目标有哪些，比如同行业的竞争对手或者其他行业的同岗位人才。

第二步：确定人才画像。知道企业需要建立哪些岗位的人才储备，明确人才的标准，包括个人背景资料、学历、年龄范围、薪酬范围等基本资料，还有职业履历、成功案例、工作能力、职业道德等信息。

第三步：多渠道搜索，建立“人才池”。可以通过外部渠道、内部渠道广泛获取人才信息。外部渠道包括线上招聘网站、职场社交 APP、企业官网及其他公开信息等；包括线下参加行业沙龙、论坛，与猎头交换信息；还包括在目标企业周围的咖啡厅、餐厅进行陌生拜访；等等。比如，HR 参加线下专业沙龙时，有意识地与同行进行交流，如“我知道您所在的企业，您负责哪方面的工作？”“你们是怎样管理销售人员的，我们遇到……的问题。”“您知道哪家企业在……方面做得比较好吗？”要有收集信息的好奇心。内部渠道则指的是可以通过本企业员工，特别是部门高管推荐熟人、朋友等，通过他们的人脉获取更多信息；甚至可以通过面试候选人获得其他行业和企业的情况。比如面试时，可以问：“您的上级汇报对象是谁？如何联系？”“您之前所在公司的架构是怎样的？”

第四步：整理信息，绘制地图。人才地图的呈现形式有很多，Excel、Word、PPT、思维导图都可以，要根据需求进行设计。同时可以用“索引 + 详细信息”的方式，便于快速筛选信息和日常及时维护，定期根据企业的需要生成人才地图。

第五步：建立情报网，保持联系。人才地图绘制完毕后需要定期更新和维护，有计划地推进与重要人员的沟通和联系，同时通过与内、外部人员的沟通，及时获取人员变化情况，及时维护、更新人才地图。

从长远角度来看，人才地图能够帮助企业掌握标杆企业或相关岗位人才的数据、信息、变化情况等，可以作为企业的人才储备信息库。

三、打造雇主品牌，吸引优秀人才

不管是高端人才、重难点岗位人才的招聘，还是经常需要补充的日常招聘岗位，如果企业有良好的雇主品牌，就可以让招聘工作事半功倍。而打造良好的雇主品牌，需要全企业上下的长期努力。笔者在工作中听到过很多类似这样的声音：“我上一届的学长说，你们公司加班是常态，我还是不去了。”“听说咱们考核特别严格，如果业绩不达标要被淘汰？”还有一些候选人在电话邀约的过程中就会表示“了解过公司情况，不考虑了”……种种这些，其实是不了解一家企业时的管中窥豹，仅听同学、朋友或一知半解的个人评价，可能让求职的人错失原本适合自己机会，也可能让企业错失优秀人才。

雇主品牌的价值主要体现在对人才吸引和保留上。根据多方机构研究表明，强大的雇主品牌能有效扩大企业“人才池”，并能降低招聘成本、薪资成本以及员工流动率。因此，很多优秀的企业已经意识到这一点，开始将雇主品牌建设作为战略工具来吸引、保留人才，以实现企业获取优秀人才的需要。

英国资深管理专家西蒙·巴罗（Simon Barrow）与伦敦商学院的教授蒂姆·安布勒（Tim Ambler）将营销学的“产品品牌”概念用到人力资源管理领域，定义了“雇主品牌”这一概念。雇主品牌是指企业运用市场学的方法，在人力资源市场上找到定位，在目标群体中建立独特的雇主形象，从而更好地吸引、激励和保留优秀的人才。雇主品牌是内部员工、外部求职者和潜在求职者对企业形象的认知和评价。打造良好的雇主品牌在人才争夺战中可以发挥积极的作用，有助于促进企业良好口碑的传播，帮助企业吸引具有相同价值观的人才，降低招聘成本，控制薪酬成本。

作为招聘工作者，对于雇主品牌的建设，可以从以下 3 个方面进行助力。

（1）围绕企业文化的内容和实践情况，提炼和设计适合的材料，从企业福利、员工价值、人文关怀等多维度，通过文字、图片、视频、音频等多种形式进行宣传，特别是通过新兴社交平台等新渠道，持续吸引候选人的关注。

（2）做好招聘实施过程中与候选人的沟通等，如邀约过程中是否礼貌、接待候选人时是否职业化、沟通具体情况时是否是专业，等等。不要出现因招聘人员个人的态度、言行举止，导致影响候选人对企业产生负面评价等情况。

（3）关注线上线下招聘市场舆情，有意识地向候选人、潜在候选人收集关于企业的反馈信息，一旦发现对企业的负面评价，要及时反馈至相关部门处理解决。

人力资源工作在很大程度上是在为企业招聘人才做开源节流工作，

而招聘的重点在于开源。如何才能做好开源，就需要我们更深入地了解市场，更具战略性和前瞻性，做好企业的人才规划和渠道建设，推动企业雇主品牌的建设，这样才能快速响应企业战略的人才需求，吸引更好、更多的人才进入企业。

第二节　高绩效招聘团队的要求

一、招聘是全员参与的工作

企业招不到人，只有 HR 要“背锅”吗？招来的人不合适，是 HR 能力不行吗？我们来看一个案例。

案例

某企业因为发展需求，要招聘 3 名高管。接到招聘任务后，人力资源部梳理了岗位职责，开始多渠道发布招聘信息，也联系了猎头。两个月过去了，依旧没有成功入职和待入职的候选人。CEO 找人力资源总监了解情况，经过系统地梳理，发现 3 个主要问题。

第一，人力资源部收到招聘需求时，没有与需求发起人进行深入沟通，没有仔细确认需求。人力资源部不清楚 CEO 到底想要什么样的高管，来解决什么问题，承担哪些核心工作。

第二，招聘环节设置和面试官的选择有问题。企业现在运行的招聘高管的流程是：接到招聘任务后，HR 根据岗位职责筛选简历，组织待招聘岗位所管辖部门的中层进行初试，所管辖部门的上下游部门同级负责人（高管）和人力资源总监复试，最后由 CEO 终试。看似按部就班的招聘流程没什么问题，但在层层的损耗中，到复试环节候选人就所剩无几了。

第三，本次招聘高管的过程中，权责不明确，参与面试的中高层管理人员都觉得自己是“协作者”，将面试这件事的优先级排得很低，约定好的面试时间往往不能准时开始。

经过 CEO 的梳理，对面试流程进行了调整：人力资源总监在了解了企业战略和招聘需求后负责简历筛选和初试；由 CEO 针对每个岗位，确定岗位相关部门的 3 位高管组成面试小组对候选人进行集体复试；CEO 和人力资源总监共同进行终试。同时，每个岗位指定一位高管作为该岗位招聘小组的组长，对该岗位招聘负主要责任，牵头协调相关人员，尽快将该岗位人员招聘到位。

经过一系列调整后，1 个月后，有两位高管顺利上岗，还有一位待交接完现有工作后即将入职。

人力资源总监在复盘这次高管招聘后，总结出以下 3 点。

第一，对于高端人才的招聘，HR 需要与企业高层甚至是 CEO 进行沟通，明确岗位需求。

第二，招聘流程不能僵化，要根据岗位情况及时调整，一切以高效率完成招聘任务为核心。

第三，招聘是多部门协作的过程，需要多方协调和努力，需要明确权责，否则会造成相互推诿和拖沓，影响招聘结果。

从马斯洛需求层次理论来说，一些高端的人才，早已实现低层次的需求，他们择业时往往追求的是个人价值的实现。想要吸引这类人才加入企业，单纯靠仅有几年职场经验的 HR 是无法做到的，需要企业的高层甚至是一把手用企业战略和企业文化影响候选人，将企业的愿景、使命和价值观等核心企业文化传递给他们，引发他们的共鸣，吸引他们成为事业共同体，相互成就。

人才是企业发展的第一生产力，充足、适合的人力资源是保障企业战略落地的关键因素。从这一点来说，招聘绝不仅仅是依靠人力资源部就可以做好的，而是需要企业一把手、中高层管理人员、各部门负责人，以及人力资源部高效协同，大家各司其职，共同努力。而雇主口碑的打造、良好职场氛围的营造、内部招聘渠道的拓展，这些看似“外围”的招聘工作，都离不开企业全体员工的共同努力，缺少任何一环，都有可能让企业错失候选人。

下面，将详细讲述招聘过程中对各个环节参与者的要求。

二、对招聘团队的要求

全程参与招聘工作的是人力资源部，高质高效的招聘工作一定有一支专业的人力资源招聘队伍做支撑和保障。人力资源部要做到分工清晰明确，每一个岗位、每一个候选人都要有人力资源部门的专人负责对接。

人力资源工作在企业战略达成中的地位越来越重要，招聘工作的重要性越来越得到企业高层和用人部门的重视，招聘团队的配置也逐步细化。从最早没有专职的招聘人员，到现在很多大型企业出现了专职的招聘团队，并设有招聘主管、招聘经理等职位。有的企业甚至设独立的人才招聘中心，按招聘工作的职责细分为渠道管理部、资源管理部、猎聘管理部、校招（校园招聘）管理部、社招管理部，招聘负责人的职位甚至为企业高管，如招聘总监、招聘总经理、招聘副总裁等，招聘工作真正成为企业人才管理的核心。

想要真正做到战略招聘管理，离不开我们自身日复一日的努力和沉淀，更离不开企业的快速发展。本书第一章讲述了对于负责招聘的 HR 的能力要求，想要将招聘工作做出价值，被企业重视，我们可以对照以下内容，看看我们的各项工作做得是否到位。

（1）制定出系统、完善的招聘管理制度，能够有效规范和指导企业日常招聘工作。

（2）参与企业年度规划制定，并按照企业年度经营目标制定年度招聘计划。

（3）每季度、月度根据企业的需求，及时制定或调整招聘计划。

（4）协助组织发展部门（或人力资源部门牵头）定期优化岗位说明书，明确岗位职责及任职资格标准。

（5）指导、协助用人部门撰写有关职位描述，根据职位描述制作招聘信息。

（6）为面试官提供面试技能培训并进行考评和认证，做好面试官管理工作。

（7）根据岗位要求，设计招聘流程及人员甄选方法，审议通过后执行。

（8）根据岗位要求，确定招聘渠道、发布招聘广告，对应聘简历进行初步筛选。

（9）掌握项目管理基本知识，对于重难点岗位，可设置招聘项目组，做好项目组人员（HR、面试官、招聘决策者等）的协调管理，完成项目目标。

（10）主导并参与面试，对应聘者的综合素质、与企业文化的匹配度进行评价。

（11）为用人部门提供录用建议，跟进面试结果。

（12）掌握定薪、薪资谈判等相关知识和技能，与用人部门确定所招岗位的薪资待遇，并与候选人沟通谈判，确认后发送《预录用通知书》。

（13）做好邀约、面试、新员工入职全流程的关怀及跟踪，以细致用心的服务打动候选人。

（14）做好招聘全流程数据统计工作，建立招聘漏斗数据，主导开展招聘效果评估工作。

（15）做好简历管理，按岗位建立人力资源管理台账，做好录用人员与未录用人员的简历、资料管理。

（16）定期（岗位招聘完成后，按项目或按时间）对招聘全流程进行复盘及数据分析，发现并解决疑难问题，确保高质高效开展招聘工作。

（17）牵头推进招聘数据化平台建设，自研或采购招聘系统，助力高效招聘。

…………

当然，以上工作内容是目前大多数企业在招聘工作方面所做的内容，不同企业会根据不同情况，进行灵活调整。当下的招聘工作和几年前已大不相同，在这个不断变化的时代，我们唯有不断学习，顺应变化，才能把招聘工作做好。

三、对用人部门负责人的要求

很多用人部门的管理人员存在着以下情况。

“招人是人力资源部的事情，我提要求，你们尽快给我招上人就行了。”

“现在面试？我要去开会 / 找领导汇报工作 / 谈客户，你怎么不早说？哦，对，说过，但是我忘了，你帮我看看吧，尽快上岗！”

“喂，领导，好的我马上去！（面试中接电话）对不起啊，让我们同事和你聊聊，介绍一下。”

“怎么招个人还要写这么多啊，岗位职责的内容，你参考其他公司类似岗位的要求，改改就行！”

“为什么现在就要确定薪资范围？你先写‘面议’不行吗？”

“来了做什么？来了再说！现在我忙，晚点儿再说吧。”

“怎么这么久还没招上人啊？什么？面试？我没时间！你们 HR 帮忙看看就行。”

…………

很多负责招聘的人看到这里估计已经露出会心而苦涩的微笑，因为这些都是我们工作中或多或少听到过的话。

我们要让用人部门的负责人明确其在招聘工作中的角色和职责，建立起企业内部正确的人才观，不断赋能管理人员，建立和宣导“招聘文化”——用人部门负责人是招聘工作的第一责任人。为什么这么说？我们来看，谁来决定人员录用与否？是 HR 吗？当然不是。对人员的评价是部门负责人的权利和责任。人员的绩效考评是人员评价，人员的录用决策同样也是一种评价。如果用人部门不参与人员的甄选，那么，招错人最受伤害的，还是用人部门。一个负责任的管理者，一定是一手抓目标，一手抓团队，而团队是决定目标能否达成的关键因素，因此，深度参与人员招聘是用人部门的管理者进行团队管理的重要一环。

一个合格的管理者，在招聘方面，要做到以下几点。

（1）在制定年度规划时，梳理人员规划，准确把握现有团队人员情况，做好人员的晋升、汰换、扩增计划，明确人员到岗时间。

（2）根据年度目标及招聘周期，提前提出招聘需求。

（3）拟定招聘职位的岗位要求，制定和完善岗位任职资格，明确需招聘人员的职级。

（4）参与简历筛选、人员面试和评价，对候选人的专业技能及团队匹配程度进行判断。

（5）做出录用决策，根据任职资格定岗定薪，协助 HR 进行薪酬谈判。

（6）新入职人员的接待、工作安排、岗位工作流程培训等。

（7）做好新入职人员的试用期评价，及时反馈至人力资源部。

（8）协同 HR 解决招聘流程中的问题，招聘结束后共同进行招聘情况评估。

四、对面试官的要求

有些人读到这里可能会有疑问：面试官不就是 HR 或者用人部门的管理人员吗?

其实不然。

“面试官”其实是企业中的一个“兼职身份”。招聘 HR ≠面试官，用人部门负责人≠面试官，高管≠面试官。

面试官究竟是谁？要看招聘什么岗位，谁能对这个岗位的录用进行某一方面的评价和决策。比如，招聘市场总监时，可以成立一个“市场总监招聘项目小组”，组长是总裁，副组长是营销总监和人力资源总监，组长对本项目小组负主要责任，负责协调小组人员，按期达成招聘目标。面试官就是这个项目小组的成员。根据待招聘的岗位，设置 3 轮面试：第一轮面试官为市场部经理及人力资源经理，主要评价面试者的专业能力和文化匹配度；第二轮面试官为营销总监、运营总监、人力资源总监，主要评价面试者的团队管理能力、专业能力，考评其岗位匹配度；第三轮面试官为总裁和董事长，综合评价并做出录用决策。在这样的 3 轮面试中，面试官为：市场部经理、人力资源经理、营销总监、运营总监、人力资源总监、总裁、董事长。

通过这个案例，我们可以很清晰地看到，面试官是具备一定人员甄选能力，能根据企业战略、市场情况、业务发展及人力资源市场供给情况对候选人进行有效评价的人。

面试官既可以是企业内部的人员，也可以是外部聘请的专业人员。比如，某些大型企业在进行校招时，会聘请第三方的专业面试官进行人员的初步甄选。

企业内部，对面试官的要求一般如下。

· 有良好的亲和力、个人品格和修养，能够客观公正地评价候选人。

· 有良好的沟通能力和敏锐的洞察力，能够深入挖掘候选人的能力和价值。

· 掌握面试知识和技能，通过企业内部的面试官培训及考评认证。

· 熟悉企业的面试实施流程，能妥善安排工作，准时参加面试。

· 拥有爱才之心，尊重候选人，让应聘者充分展示自我。

· 熟知待招聘岗位的岗位职责和任职资格，具有甄别候选人专业水平的能力。

· 熟悉并践行本企业的企业文化，能对候选人的匹配情况进行识别。

· 有正确的人才观和胸怀，敢于聘用比自己优秀的人。

五、明确对招聘工作的考核

招聘工作还要考核？怎么考核？

你有没有遇到过下面这样的情况？

招聘 HR：“我每一步都是按流程开展的工作，也确定了候选人，但是候选人最终选择了另一家工资高的公司，难道这也要扣我的绩效？”

招聘 HR：“我这个月不仅完成了自己的招聘任务，还替小张招了两个人，这是不是可以给我加分？”

用人部门：“没招到人，主要是人力资源部的事情，为什么要扣我的绩效？”

用人部门：“你们推的简历我都及时看了，面试也按要求进行，招不上人，怪我吗？”

…………

从绩效考核的角度来说，企业关注什么，就考核什么。考核的重点内容要结合当前工作中遇到的问题进行设计。考核指标可以分为两大类：结果性指标和过程性指标。例如“招聘完成率、上岗人数、资源转化率、签约合作院校数量”等属于结果性指标，主要反映招聘目标是否实现；而“每日推送几份简历、每天面试几人、跟进某某事项”等，属于日常管理中跟进工作、完成工作进度的过程性指标。

对于专职做招聘的HR来说，招聘就是日常的主要工作，是有岗位目标和要求的。如果是同岗位大规模招聘，比如招10名销售人员，可以将招聘目标完成率作为核心指标，然后根据不同招聘人员的不同情况，选择其他过程性指标进行考核。比如，有的人可能总是邀约不来面试的人员，可以重点关注其个人的“招聘邀约率”；有的人邀约来的候选人通过了面试，但总是难以入职，这可能是面试环节有问题，可以重点关注“面试通过人员入职率”等。如果是招聘多个岗位，可以在考核周期开始前设定具体目标，比如人员的上岗时间，然后根据设定的目标倒推每天面试几人，简历的获取数量，等等。

指标不是固定的，考核是为了更好地达成结果而服务的。可以参考表2-1进行具体指标的设计。

表2-1　招聘岗绩效考核参考用表

指标名称	指标内容	评分规则
招聘目标完成率（同一岗位）	本月招聘目标：10名销售人员，月底前入职	本项满分100分，本项得分按“入职人数/应入职人数×100”进行计算
招聘目标完成率（非同一岗位）	本月招聘目标：1名行政专员（15分）、2名市场专员（20分×2）、1名产品经理（25分）、1名网站美工（20分），月底前入职 （说明：具体岗位分值可按企业岗位分析的情况，结合岗位招聘难度制定）	本项满分100分，本项得分按“入职岗位”到岗情况加和计算
简历下载量	工作日每天获取××岗位简历不少于20份，按完成天数打分	本项满分100分，本项得分按“完成天数/本月工作日天数×100”计算

（续表）

指标名称	指标内容	评分规则
招聘资源转化率	本月招聘资源转化率达到 5%（说明：此指标根据团队历史数据计算）	本项满分 100 分，本项得分按“入职人数 / 下载简历数量 ×100%”进行计算
面试邀约率	本月所招聘岗位面试邀约率达到 50%	本项满分 100 分，本项得分按“面试人数 / 电话沟通人员数量 ×100%”进行计算
面试通过人员入职率	本月所招聘岗位入职率达到 80%	本项满分 100 分，本项得分按“入职人数 / 面试通过人员数量 ×100%”进行计算
说明：为便于描述评分规则，各单项评分标准都以 100 分为例，实际使用过程中可以增加各指标的权重，也可以将评分规则调整为权重分直接使用		

有人说，招聘结果考核 HR 就行了，用人部门负责人还需要设置与招聘相关的考核项目吗？答案是肯定的。前面讲过，部门负责人是部门人力资源的第一责任人，也是招聘结果最大的受益人或受害人。对部门负责人，一般将招聘任务是否完成作为核心指标，如果长时间未完成招聘任务，可以根据该负责人在招聘过程中出现的问题，围绕“简历筛选”“面试及时性”等关键点进行指标设计。

对于大多数管理人员来说，招聘只是某一阶段的工作，待人员招上，稳定工作之后即可停止。还有一种情况是，部门需要长期招聘，以补充或汰换现有人员，比如销售部门。这种情况，可以将团队编制达成率、团队有效人力、招聘目标达成率（明确招聘目标）等指标作为长期考核指标，表 2–2 所示为举例，仅供参考。

表 2-2　部门负责人与招聘相关的考核项目举例

指标名称	指标内容	评分规则
编制达成率	人员编制达成率 100%	本项满分 100 分，按照“月末在岗人数 / 岗位编制 ×100”计算
招聘目标完成率（同一岗位）	本月招聘目标：10 名销售人员，月底前入职	本项满分 100 分，本项得分按“入职人数 / 应入职人数 ×100”进行计算
团队有效人力	团队有效人力 = 当月业绩 2 万元以上人数（具体业绩指标可以是企业平均业绩，也可以是盈亏平衡业绩），团队有效人力达到 60% 以上 （说明：本指标可以根据本企业情况进行定义，旨在提示业务部门负责人关注团队人员质量、重视人员培养、控制团队人员流失等）	本项满分 100 分，本项得分按“有效人力人数 / 团队总人数 ×100%”进行计算 有效人力≥ 80%，120 分（奖励） 80% ＞有效人力≥ 70%，100 分 70% ＞有效人力≥ 60%，80 分 60% ＞有效人力≥ 50%，60 分 50% ＞有效人力，0 分

面试官多数情况由需求部门负责人担任，可以在企业的《招聘管理制度》中完善相关要求，一旦面试官触碰了面试中的红线问题，可以对其进行考核。

第三节 准备好招聘工具

古人说得好："工欲善其事，必先利其器。"招聘工作也是同理。想要达成理想的招聘结果，离不开各项招聘工具。

我们在开展招聘的过程中，都需要哪些工具呢？常用的招聘工具如下。

（1）企业介绍：必备内容，候选人总要知道企业是做什么的。

（2）岗位介绍：候选人要清楚地知道自己来公司是做什么的。

（3）招聘广告：根据不同的发布渠道，要拟定不同风格、不同内容的招聘广告。

（4）招聘渠道：提前为不同岗位选择合适的招聘渠道，签订渠道合作合同，掌握渠道使用方法。

（5）表单类：应聘人员登记表、应聘人员履历表、面试评价表、背景调查表等，根据公司招聘流程梳理相关表单。

（6）话术类：面试开场及结束话术、常见问题回复话术、背景调查流程及问题。

（7）面试题库及评价要点：根据岗位设计面试题库及评价要点。

（8）测试相关资料：如果招聘流程中涉及测试类环节，需准备好相关物料及资料，如和笔试测验相关物品（纸质问卷或电脑、测试程序等）、心理测验（纸质测试或电脑、测试程序）相关物品等。

（9）面试场地安排：相对独立、安静、温馨、整洁的场地，有桌椅、绿植、装饰等。

（10）招聘信息化系统：提高招聘工作效率、做好简历库管理和招聘数据管理。

（11）其他物品：笔、一次性纸杯、笔记本电脑、公司视频宣传资料、公司纸质宣传资料（如企业内刊、宣传页等）。

…………

这里主要介绍常用招聘表单及面试场地安排，其余内容将在本书的其他相关章节进行详细介绍。

一、招聘表格工具

我们需要在面试前准备好常用的招聘表单，按照主要的招聘环节，一般分为招聘需求分析类、招聘录用类、入职及试用期管理类、招聘效果分析类，本部分主要介绍招聘录用环节的常用表单模板。运用时，我们需要根据本企业的实际招聘情况做适当调整。

招聘录用环节常用表单有：应聘人员登记表、面试通知单、应聘人员履历表、面试评价表、背景调查表等。

1. 应聘人员登记表

使用场景：公司前台，应聘人员到达公司后，进行基本信息登记和留存。

用途：便于定期统计、核对面试人员情况，同时便于前台工作人员联系相关 HR 安排面试。

应聘人员登记表样例见表 2-3。

表 2-3　应聘人员登记表（样例）

序号	日期	应聘岗位	姓名	性别	年龄	联系电话	邀约人	备注
1								
2								
3								
4								
5								

2. 面试通知单

使用场景：微信、短信或邮箱等形式，向候选人发送正式的面试通知。

用途：用于在简历审核通过后的初试、复试或终试前通知候选人进行后续面试。

面试通知单样例见表 2-4。

表 2-4　面试通知单（样例）

________先生 / 女士： 您好！ 首先感谢您对本企业的信任和大力支持。 恭喜您的简历通过初步审核 / 恭喜您成功通过初试，我们认为您比较符合岗位要求，因此特别通知您后续面试时间，具体要求如下。

（续表）

面试时间	年　月　日（星期　　）　午　时　分		
面试地点		面试时限	小时　分钟
行车路线			
联系人		联系电话	
个人准备	1. 携带个人身份证及复印件、学历证书及复印件、职称证书及复印件 2. 资格证书及复印件、获奖证书及复印件 3. 个人 1 寸免冠彩色照片 1 张 4. 男士着装要求： 5. 女士着装要求：		

请您按规定时间抵达指定地点，希望您面试顺利！

单位名称：（盖章）
年　月　日

3. 应聘人员履历表

使用场景：应聘人员到达公司后，专人（一般是 HR）指引其填写公司的格式化应聘人员履历表，样例见表 2–5。

用途：使用公司的格式化应聘人员履历表，可以帮助 HR 和面试官了解应聘人员各项情况，避免其个人简历中遗漏一些重要信息；可以帮助人力资源部建立信息完整的人才库。

4. 面试评价表

使用场景：初试、复试、终试等环节中，面试官对应聘人员进行评价。

用途：规范评价维度，客观、公正地对候选人进行评价。方便复试、终试面试官了解候选人的情况，提高面试效率。

面试评价表样例见表 2–6。

表 2-5　×××公司应聘人员履历表（样例）

请认真填写此表格，它将对您的应聘结果十分重要。我们将对您所填写的一切内容保密。

应聘职位：　　　　　　　　　　填写日期：

<table>
<tr><th colspan="7">个人信息</th></tr>
<tr><td>姓名</td><td></td><td>性别</td><td></td><td>出生日期</td><td></td><td rowspan="5">照片</td></tr>
<tr><td>联系电话</td><td></td><td>Email</td><td></td><td>政治面貌</td><td></td></tr>
<tr><td>民族</td><td></td><td>婚姻状况</td><td>□未婚 □已婚
□离异 □丧偶</td><td>籍贯</td><td></td></tr>
<tr><td>户口所在地</td><td></td><td>身份证号码</td><td></td><td>身高 / 体重</td><td></td></tr>
<tr><td>资格证书</td><td colspan="3"></td><td>职称</td><td></td></tr>
<tr><td>参加工作时间</td><td></td><td>是否在职</td><td></td><td>最快到岗时间</td><td colspan="2"></td></tr>
<tr><td>现住址</td><td colspan="3"></td><td>期望薪资</td><td colspan="2"></td></tr>
<tr><td>从何处获得招聘信息</td><td colspan="6">□网络 ________ □招聘会 ________ □公司官网 □校园宣讲会 □其他 ________</td></tr>
</table>

（续表）

是否内部人员推荐	□是（推荐人及电话）__________ □否		是否与本公司人员有亲属关系	□否 □是（姓名）__________
教育背景				
起止时间（自高中起）	学校	学历	专业	是否全日制
_____年___月___日至 _____年___月___日				
_____年___月___日至 _____年___月___日				
_____年___月___日至 _____年___月___日				
工作经历				
起止时间（由近及远）	工作单位及职务	离职薪资	离职原因	证明人及联系方式
_____年___月___日至 _____年___月___日				

（续表）

____年___月___日至 ____年___月___日				
____年___月___日至 ____年___月___日				
____年___月___日至 ____年___月___日				
家庭情况				
姓名	称谓	出生年月	工作单位、职务	电话
自我评价				
您最大的优势是什么				

（续表）

您最大的弱点是什么			
您的性格特质是怎样的			
您为何选择来我公司应聘			
如果应聘成功，您计划如何尽快开展工作			
如果您未被此职位录用，是否考虑其他职位？如果是，请说明您感兴趣的其他职位			□是 ______ □否
如果您此次未被录用，是否愿意我们将您的信息放入公司人才库，您的信息将在一年内有效，一旦我们有适合您的职位，会主动与您联系			□是 □否
承诺书 1. 本人承诺所填写资料真实 2. 本人保证遵守公司招聘的有关规程和国家有关法规。能接受公司进行背景调查。如有资料不实，公司不予录用；如已录用但发现资料有不实之处，公司可直接解除劳动合同，且不支付任何经济补偿			
本人签名		日期	
请完整填写此表，带齐照片、学历、职称证书的有效证件及相关复印件			

表 2-6　面试评价表（样例）

评价人姓名：　　职务：　　面试时间：______年______月______日　时间______________　　编号：

应聘人姓名：	应聘职位：		性别：□男　□女	年龄：	薪资要求：		
项目	评价要素		评价等级				
			1（差）	2（较差）	3（一般）	4（较好）	5（好）
个人基本素质	1	仪容					
	2	语言表达能力					
	3	亲和力和感染力					
	4	诚实					
	5	时间观念与纪律观念					
	6	人格成熟程度（情绪稳定性、心理健康等）					
	7	思维逻辑性，条理性					
	8	应变能力					
	9	判断分析能力					
	10	自我认识能力					

（续表）

相关的工作经验及专业知识	11	所具备的专业知识、工作技能与招聘职位要求的吻合性					
	12	工作经验与岗位匹配度					
	13	学习能力（根据岗位要求调整）					
	14	理解能力（根据岗位要求调整）					
	15	管理能力（根据岗位要求调整）					
	16	团队协作能力（根据岗位要求调整）					
	17	工作创造能力（根据岗位要求调整）					
	18	其他					
	19	其他					
	20	其他					
录用适合性评价	21	个人职业道德					
	22	与企业文化的吻合度					
	23	稳定性、发展潜力					
	24	其他					
	25	其他					
总得分							
人才优势评估			人才劣势评估				

（续表）

评价结果			
建议录用	安排再次面试	储备	不予录用
	建议复试重点考察内容：		
复试评价记录			
评价意见		复试结论	□建议录用按应聘岗位 □推荐终试 □推荐 ________ 岗位 □不予考虑
终试评价记录			
评价意见		复试结论	□建议录用按应聘岗位 □可储备 □推荐 ________ 岗位 □不予考虑

5. 背景调查表

使用场景：面试通过后，确定是否录用前，可由 HR 或第三方机构对拟录用候选人进行背景调查，核实个人信息及职业经历、职业技能的真实性。

用途：背景调查内容可以全面、无遗漏地确认拟录用人员情况，提高岗位匹配度。具体操作详见第五章相关内容。

二、面试场地安排

面试时需根据面试人数、面试形式选择合适的场地。面试场地相对独立、安静、整洁即可，整体布置温馨，不宜过大或过小，能有企业文化展示更佳。

一般面试场地可参考图 2-2、图 2-3 进行布置。如果是多面一、多面多等集体面试，增加座位即可。

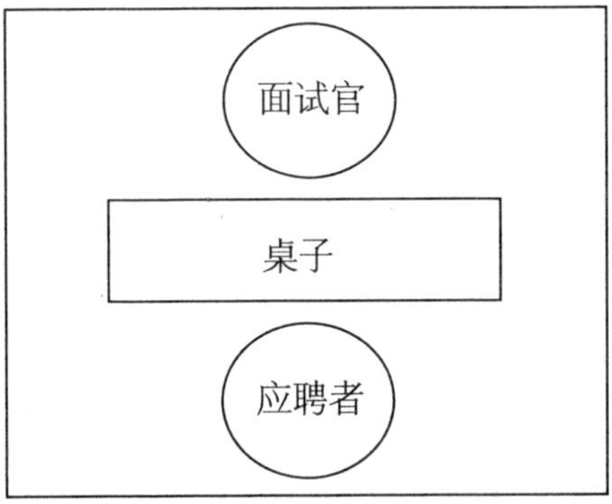

图 2-2

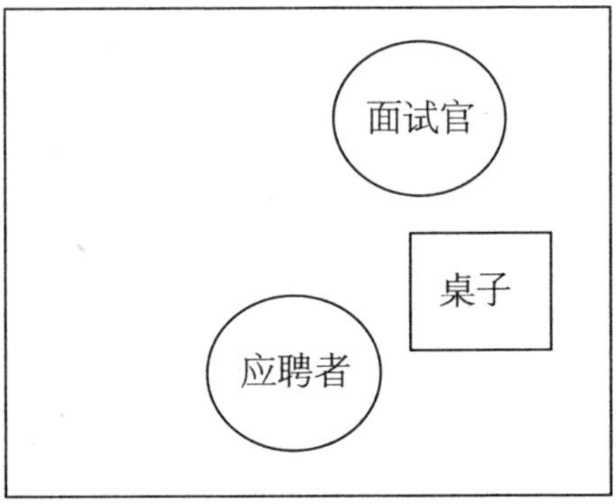

图 2-3

如果是正式的结构化面试，可以参考图 2-4 进行场地布置。

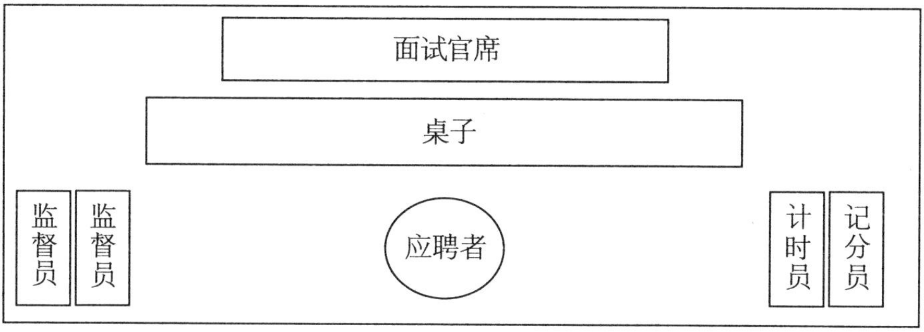

图 2-4

三、招聘宣传内容制作

在制作招聘宣传内容时，核心信息有：公司介绍、公司主营业务、招聘岗位信息（岗位名称、职责等）、岗位任职资格（工作年限、学历、技能）、招聘时间、联系信息（电话、邮箱、微信等）、薪资福利等。

从宣传形式来说，最重要的就是要根据不同的宣传目的和宣传对象、宣传渠道，设计不同的宣传形式和展示内容。从招聘宣传的形式来说，主要有文字、图片、视频等。经常会用到的是以下几类。

1. 网络招聘宣传

从目前综合费用、便捷度、受众的广泛性来说，网络招聘是使用频率最高的招聘渠道。常使用的是各种主流招聘网站、招聘 APP、社交 APP。一般来说，招聘网站所展示的招聘信息，主要围绕公司介绍及公司实力、岗位要求、福利待遇、公司地址及路线等展开。需要注意的是，要围绕所招聘岗位的目标人群的特点变换用词、语气、信息重点。比如，对于有一定职场经验的人，我们可能用“伯乐识良马，明主觅贤才”；对于初入职场的毕业生，我们可能用“寻找新的自己，加入我们吧！”

还需要注意的是，发布职位不能一劳永逸，要经常刷新职位或重新发布职位，增加岗位的曝光度，吸引候选人关注。

2. 校招宣传

校招针对的是应届毕业生，宣传内容要围绕适合毕业生的岗位，使用大学生接受的年轻化表述，搭配鲜艳、活泼的漫画、照片等进行设计，参考如图 2–5 所示。

图 2–5

如果校招数量较大，可以印制招聘海报，在学校中张贴，校招的宣传一定要多形式、全覆盖，也可以提前通过宣讲会、讲座、赞助校园活动等方式进行企业宣传。

同时，为扩大影响力，吸引候选人，我们也可以以学校为单位，选拔本校有一定影响力的学生干部担任“校招大使”进行宣传；为了及时联系到候选人，可以建立微信群，定期在微信群发送适合的宣传内容，如公司的文化、活动、培训、岗位介绍等，与毕业生建立黏性。

3. 猎头招聘宣传

一般来说，需要猎头招聘的一般是较高端的职位，因此，我们对接猎头公司的招聘信息也要更多地展示企业的实力、企业的发展空间、岗位价值等内容。

4. 内部推荐宣传

内部推荐的宣传主要以企业内部通信工具、邮箱、论坛等线上方式及宣传栏等线下方式发布。内部推荐的宣传要结合岗位特点进行设计，内容需明确岗位要求、内推条件、推荐渠道、奖励政策等。

5. 直播招聘等创新招聘形式的宣传

直播带货模式的兴起，也给招聘工作带来启发。有一些企业的人力资源部已经开始学习直播，尝试“直播带岗”。通过直播的方式，更直观地展示公司的办公环境、工作氛围、公司实力、福利等，通过“主播”的介绍，潜在的应聘者可以直观地了解岗位要求，通过与主播的互动答疑也可以更清晰地了解公司和岗位的具体信息。

线上直播不受时间、空间的限制，可以大大降低宣讲的成本和难度。日常非直播时间，也可以拍摄一些有趣的职场短片放在官方招聘账号，既可吸引应聘者，又可宣传雇主品牌。

此外，我们还可以打造企业专属的招聘IP①，或借用企业吉祥物作为招聘 IP。在这个“流量为王”的时代，可以通过招聘 IP 的打造，进行雇主品牌的可视化建设，输出企业的价值观、人才观。一旦招聘 IP 的形象得到受众的广泛关注和好评，它的影响力可能会超出我们的想象。而如果企业招聘的主要对象是新生代群体，这种形式也是他们喜闻乐见和广泛接受的。

四、用好工作微信，做好候选人管理

微信招聘在近几年已经得到较为广泛的应用。微信招聘的底层逻辑是用户思维和运营思维，将候选人、潜在候选人，甚至是不合格的候选

① IP（Intellectual Property）指知识产权，传统意义的 IP 指的是如文学、影视、音乐、发明等凝聚原创作者心智的“知识财产”，而在网络语境中，IP 的含义得到了泛化，现在多指能在多个平台进行自主传播、获得关注和流量并得到商业变现的内容、作品或角色。

人作为“用户”。通过微信进行招聘、用微信做候选人管理不仅仅关注企业当下的招聘需求，更是建立企业长期的人力资源“蓄水池”，建立良好的雇主口碑的方式之一。负责招聘的HR与“用户”保持及时联系，增强“用户”的黏性，并能建立良好的雇主口碑。当然，为了避免此方法使用不当对HR和企业产生不良影响，很多企业也在逐步规范微信在工作中的使用要求。

很多企业注册了企业的官方招聘公众号，用于宣传企业、招聘人才。但招聘公众号主要是通过发布图文消息进行宣传，是“冷冰冰”的账号，而非活生生的人，企业与候选人之间的沟通和反馈不够便捷，因此，目前较为普遍的是使用企业微信或企业申请专用的个人微信号用于招聘。

在使用微信进行招聘时，需要注意以下细节。

（1）尽量使用企业微信或由企业申请微信号，不用私人微信添加候选人，这样，一方面是保护候选人信息，保障企业的招聘资源不外泄；另一方面也是对HR的保护，避免将工作和个人生活混为一体。

（2）每日电话邀约候选人或接待面试人员时要及时添加其微信。添加微信后第一时间修改备注及分组信息，便于识记，备注可参考“岗位—姓名—面试状态（如电话/初面/二面/终试/录用/储备等）。如果负责多个职位的招聘，可以按招聘职位建立分组标签，便于后续管理和查找。

（3）微信头像尽量使用真人照片（选择职业照或工作照），或企业主题活动、宣传等，便于识记。

（4）如果使用个人微信名，最好以“企业简称+花名/英文名/真实姓名”命名，用花名或英文名也可以较好地保护HR的个人信息，一且微信号更换使用人，对账号内的微信好友影响较小。

（5）日常回复候选人的问题要及时、贴心，除了文字，还可以发送图片、视频、表情等，以增加沟通的温度。除了日常的面试时间和注意事项等，还可以不时发送一些下雨、降温、高温等温馨提示或节日祝福等，增强与候选人的黏性。

（6）如果是校招，还可以按学校建立不同的微信群进行互动，定期发红包、组织群内活动，如转发、集赞等，既能增加活跃度和关注度，又能在学生群体间起到连锁反应，以较低的成本扩大招聘宣传的效果。

（7）增加账号活跃度及曝光度，可以在朋友圈定期发布以下内容。

可在每天早、中、晚多次发布内容，如企业信息、招聘信息、活动信息、企业场景、生活点滴等，只要是正能量的内容，都可以发布。

要及时回应候选人的回复，也可以多关注、点赞、评论候选人的朋友圈。

定期组织一些有关企业主题宣传的线上投票、集赞换礼等活动，让候选人参与其中。

（8）也可以不断探索和使用微信的一些新功能，将其嵌入到日常招聘场景中，如视频号、招聘直播、群发功能、视频参观等。

除了微信，还有更多工具可以帮助我们提高招聘工作的效率和质量，需要我们主动探索和尝试新鲜事物。

第四节　面试官管理和培养

一、面试官在面试过程中常见的问题

做好面试官的培养和管理，是高效开展招聘管理的关键环节。

本章的第二节讲过面试官这个角色的定位和要求。如果企业没有规定达到什么样的标准才能担任面试官，什么级别的面试官能面试哪些岗位的候选人的话，就谈不上对面试官进行培养和资格审核，由此可以预见，面试的质量很可能无法保证。

草草上阵的面试官，经常会出现以下问题。

（一）面试前

1. 推三阻四，觉得耽误时间，不愿进行面试工作

前文提到过，有的用人部门负责人觉得招聘不是自己的事情，只要由负责招聘的HR面试就可以了，并认为面试工作耽误自己的工作时间，所以不愿意参加面试。

2. 不守时，迟到或临时改时间

大部分面试官都是团队的管理人员，日常工作繁忙，有时即便提前约定了面试时间，也经常被临时工作打断，或者被上级安排了其他的事情。候选人等面试官是常有的事，对候选人伤害更大的是候选人等了半天，面试官临时有事不能面试，让候选人改天再来。

3. 不做准备，草草上场

面试官不提前阅读简历，既不了解要招聘的岗位的职责、任职资格要求，也没有提前拟定面试问题，而是匆匆赶来参加面试，草草翻翻简历，随意聊一聊就结束了。

（二）面试时

1. 面试官跟着自己的感觉走，不能客观评价

面试官不懂胜任素质模型，也没有根据岗位要求设计相应的问题，面试过程像聊天，想到哪儿问到哪儿。这样的面试会遗漏关键信息，无法判断人岗匹配情况，面试结果准确性低。

2. 面试官有偏见或先入为主

有些面试官根据以往的工作经历，对一些有特定特点的人“贴标签”，比如以往带过的应届毕业生抗压力差，他就对应届生有偏见，不能客观评价，不愿意录用。

3. 面试官夸夸其谈，大秀自己，重点跑偏

一些业务部门的面试官有时候会在面试中被一些专业问题所“触发”，喋喋不休地探讨起专业问题，面试成了面试官的舞台；有的面试官夸夸其谈且逻辑混乱，可能使候选人对企业产生不良印象……不管是哪种情况，面试官都忘掉了面试的目的——评价候选人与岗位的匹配度，吸引合适的人才加入企业。

4. 面试官不会做记录

有的面试官在面试过程不做或很少做记录，而是依赖自己的记忆，在面试多人后就记不清楚具体的情况了；还有的面试官在面试过程中一直低头记录，很少抬头观察应聘者的表现和反应。这两种行为都不好。面试官在面试过程中要抓住重点，观察候选人的情绪、眼神和肢体动

作，进行辅助判断，同时，还要记录面试过程中的核心关键信息。

5. 面试官不尊重应聘者

有的面试官觉得自己是高高在上的，或坐姿不端正（仰、靠在椅子上），或语气、神情轻蔑。还有的面试官虽然态度亲和，但是面试过程中频频看手机、回消息、接电话，还会跟候选人说“不好意思，工作太忙了”“这个事情很重要，我先回个电话”……这些不当行为，都会影响应聘者的面试感受。

6. 轻易决策，当场承诺

有的面试官比较随意，还有的面试官可能迫切需要候选人上岗工作，面试过程中，如果和候选人相谈甚欢，就会立刻拍板，通知候选人通过了面试，询问其入职时间。这样做，常会出现两方面的问题：一方面，面试官没有经过认真对比和判断，过于轻率地做出决定；另一方面，也会让候选人存疑，进而影响最终选择。

（三）面试后

1. 面试官草率决策

有的面试官仅通过一次面试问几个问题就决定录用候选人，待候选人入职后，却发现其存在这样那样的问题。因此，全套面试流程的设计，多种人员评价方式的运用，就是为了使面试结果更趋于准确。

2. 寻找“超人”，候选人都不合适

有的面试官过于“严格”，对候选人要求极高，要么觉得年龄小经验少，要么觉得年龄大不好适应，要么觉得学历太高，太教条刻板，要么觉得太跳脱不够沉稳……总之，在面试官眼里，候选人都没有达到其要求，面试官总找不到满意的候选人，时间一长，最后勉强挑一个。

二、面试官培训与管理

面试过程中出现的种种问题，无一不指向一个问题——面试官需要培训。面试不能凭感觉，必须要通过系统地学习和训练，才能练就一双“慧眼”。

有成熟的人才选拔培养体系的企业都非常重视对面试官的培养、认证和管理。

在谷歌，设立了专门的招聘委员会和面试官委员会。面试官委员会由面试官和产品经理共同组成，面试官和产品经理在面试时技能、专业互补。

在麦肯锡，所有面试官都要经过面试官培训，获得面试官资格认证，通过资深面试官的实践考评，才能“持证上岗”。而要参加面试官培训，必须在麦肯锡工作 1 年以上。初级面试官必须通过问题库的问题考察候选人，不能随意提问，需要严格按照规定的考察角度对候选人进行评分。

在华为，为了保证招聘效果，建立了面试资格管理制度，对所有面试官进行培训，考核合格后才可以参与面试。每年还会进行资格年审，不合格者会被取消资格。华为认为，如果面试官自身素质一般，也就无法选拔出企业需要的优秀人才。

（一）面试官培训

1. 入围要求

面试官承担着 3 项主要使命：营销吸引人才、甄别录用人才、企业品牌大使。

建立面试官管理规范的企业，对拟成为面试官的人员，都设定一定的“门槛”，主要是司龄、专业程度、职业素养 3 个方面。

第一，司龄的长短会体现面试官的企业文化认知和践行情况，以及其对企业制度、规范的了解掌握程度、心态的稳定性等。

第二，专业程度体现在面试官职务职级、日常的绩效表现、团队中的角色（如项目负责人）等。

第三，职业素养主要是面试官的软性能力，比如沟通表达能力、洞察能力、大局观等。具体标准可根据企业的情况制定。

2. 面试官培训内容的设计

面试官的培训，是为帮助将成为面试官的人员掌握有效开展面试的知识和工具，提升其面试技能，更加高效地开展面试工作，精准筛选和识别人才。培训内容主要围绕面试官所需履行的职责和使命来设计，具体内容可以根据本企业面试官的成熟度、培养时间等因素分阶段进行。一般来说，面试官的培训主要包括以下内容。

（1）企业相关知识：统一的企业介绍、文化理念、福利制度体系等面试中常见问题的统一回复标准。

（2）招聘的基本知识：招聘的重要性、招聘的流程、招聘分工等。

（3）面试常见误区和问题：晕轮效应、寻找“超人”、角色模糊、职责不清等。

（4）面试的基本知识：面试的目的、面试的分类、面试的原则、面试官的分工、面试官的礼仪形象要求等。

（5）胜任力素质模型及面试问题设计：掌握有关岗位胜任力素质模型的基本知识、掌握如何根据岗位的胜任力素质模型 / 岗位职责设计面试问题。

（6）面试流程：面试前、中、后需要开展的工作及技巧。如：如何审核简历，如何观察候选人反应，如何进行薪酬谈判等。

（7）面试方法与技巧：STAR 面试法（Situation 背景、Task 任务、Action 行动、Result 结果）、提问技巧、追问技巧、倾听技巧、时间控制、如何识别虚假信息等。

3. 培训形式的设计与认证考评

面试官的培训与企业其他培训相同，都可以运用多种形式达成培训目的。比如，可以综合运用线上培训 + 线下实操训练 + 理论测试 + 实践考评的方式系统开展面试官培训。

一般来说，面试官的认证需要在通过理论考评后，由有资深面试经验的业务中高层管理人员与人力资源部管理人员组成面试官认证小组，进行实操评价，通过后为其发放面试官认证证书，之后方可参与面试。面试官的培训及实操训练内容参考见表 2–7。

表 2–7　面试官的培训表实操训练内容参考

类型	内容	频率 / 时长	学习形式	考核形式
线上课程	企业制度文化、招聘面试理论知识，按知识点拆分成若干微课	10 分钟 / 节，一般 6~10 节	规定时间内自学	线上随堂测试
线下课程	理论知识的案例分析、小组模拟面试等	60~120 分钟 / 节，一般 2~3 次	线下小组学习、研讨等形式	模拟考核
实操训练	以小组方式跟随指导老师参加实际面试体验	30 分钟体验 +30 分钟复盘交流	实操模拟	模拟考核

（二）面试官管理

面试官培训、认证通过后，真正走马上任，还需要 HR 跟进面试官的面试情况和效果，帮助其尽快掌握实际面试场景中遇到的问题。对于面试规范、面试结果好的优秀面试官，可以从物质和精神两方面、长期和短期激励两个维度来设计相应的激励办法，内容可参考表 2–8。

人力资源部的专职面试官，面试通过率、人员留存率在其日常绩效考核中，可以不做额外的考评。

表 2–8　对面试官的激励办法参考

	短期	长期
物质	徽章展示、小礼品	晋升机会
精神	内部宣传、面试官展示墙	培训机会、进修机会、优秀伯乐奖

如果面试官在面试过程中，出现制度中明令禁止的行为，可采取警告、二次培训、取消面试官资格等措施。

第三章 人力资源规划、招聘需求管理与计划制定

第一节 人力资源规划

《礼记·中庸》有云："凡事预则立，不预则废。"预，指事先做好计划或准备。事预则立，是说无论做任何事，事前有准备才可能成功。

有人说，计划赶不上变化，这个时代是不是不需要进行规划了呢？并不是。

没有什么战略或者规划制定了以后可以一成不变。这个时代的变化太快，意味着我们要抓住"不变"的那部分，比如，为客户真正创造价值，打造更好的产品，为客户提供更好的服务，然后，更敏捷地调整战略，响应变化，解决问题，让规划"跑"起来。

一、什么是人力资源规划

要想将人力资源工作上升到战略人力资源管理的层面，能够真正支撑企业发展，就要准确理解和把握企业战略，并以此为依据，分析并制

定出有效的人力资源规划，提升“人”的价值，驱动企业良性发展。人力资源总体规划参考如图 3-1 所示。

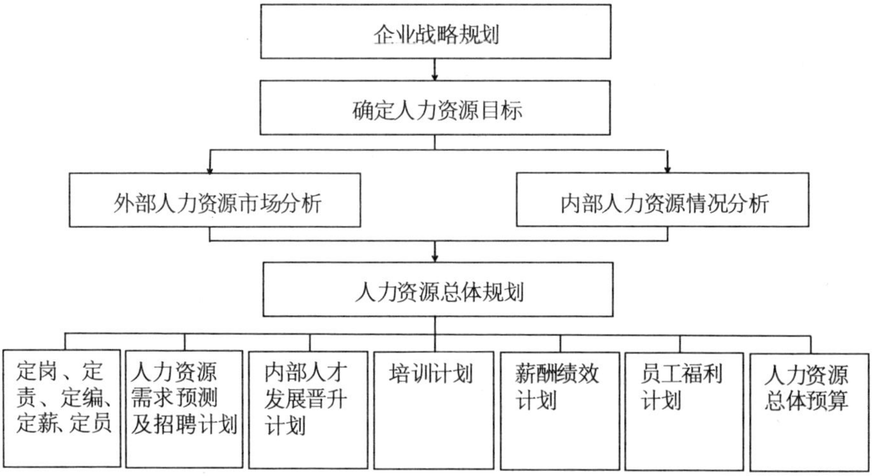

图 3-1　人力资源总体规划参考

人力资源规划的实质，就是在企业未来的战略规划的基础上，预测并分析环境对企业的要求以及为达成战略任务而提供人力资源管理的过程。做规划，我们要做的是预测变化和应对变化。

二、如何制定人力资源规划

制定人力资源规划，首先要做的是理解企业战略。企业战略，直白地说，就是企业要做什么。要想制定有效的人力资源规划，我们就要清楚企业未来一个阶段的业务规划是什么，因为业务规划会直接决定对人员的需求。人力资源部可以通过参与战略规划会、与高层管理者进行工作交流、与各部门管理人员交流等方式来理解企业战略。

明确要做什么之后，各个业务板块就要梳理“怎么做”的问题，即战术打法。企业战略为研发、生产、采购、市场、销售、服务、法务、财务、行政、人力资源等部门的工作提出了相应的要求，各自需要围绕战略梳理“战术”，明确“打法”，各个部门必须围绕战略目标，彼此配合，共同协作，形成合力。

各个部门梳理“战术”，其实就是在梳理“要做什么事，需要什么样的人”，而人力资源部需要梳理“需要什么样的人，现有团队人员是否充足，缺口从哪里补充，团队怎么激发”。这些问题的本质，需要人力资源部对组织进行诊断与优化、人员盘点、人员招聘与配置、团队培训与能力提升、干部评价与调整、薪酬模式设计、绩效评价体系设计、文化氛围建设等与人有关的工作，人力资源规划也就随之产生。

人力资源规划都要“规划”哪些内容呢？

我们以某公司进行年度人力资源规划的过程为例，看看人力资源都要做哪些规划。

案例

2023 年 10 月，A 公司总裁办下发了制定 2024 年工作规划的通知，对开展年度规划工作做出了明确的要求。

第一阶段（5 个工作日）：年度战略规划预沟通阶段，各板块负责人需要与 CEO 沟通次年战略及规划。

第二阶段（1 个工作日）：战略规划启动会，CEO 主持召开战略规划启动会，明确战略方向。

第三阶段（10 个工作日）：概要规划阶段，各板块围绕企业战略，梳理年度工作规划，并与上下游部门沟通，论证可行性，第 7

个工作日需向人力资源部提报人员需求并沟通。概要规划完毕后，部门负责人需与 CEO 深入沟通，明确方向后，可进入下一阶段。

第四阶段（10 个工作日）：详细规划阶段，各部门围绕概要规划内容，做详细工作规划。

第五阶段（5 个工作日）：年度规划汇报会及规划调整，总裁办主持召开，公司高层及各部门负责人参与，逐一评审各部门年度工作规划核心问题。审议通过，则进入下一阶段；审议不通过，则退回修改，择期进行二次评审。

第六阶段（10 个工作日）：编制全面预算并审议，各部门围绕审议通过的年度规划制定全面预算，完成后提交财务中心沟通，逐级审核至 CEO。

第七阶段（1 个工作日）：公布年度规划。

人力资源部收到通知后，按照通知要求，先与各部门进行了预沟通，初步了解各部门的规划，结合 2023 年人力资源部工作中遇到的问题，进行重难点问题的梳理。围绕“2023 年部门重点工作及完成情况，现阶段主要工作及步骤，现阶段重难点问题，为解决重难点问题预计采取的措施，为完成各项工作需配置的相应组织架构、人员配置、部门配合”等问题进行初步梳理。与 CEO 沟通后，人力资源负责人根据 CEO 指示的重点方向，对规划内容进行调整。

战略规划启动会后，人力资源负责人制定了排期表，与人力资源部相关人员一起，和各板块负责人进行了一对一的沟通，收集各部门人员情况及需求，结合年度人员盘点情况，提出初步建议，根据各部门人力资源的现状及发展需求，着手制定公司整体人力资源规划。

经过反复修改、沟通、审议，最终人力资源规划主要体现在以下几部分。

第一，制订新版组织架构图、岗位设置图，分为公司架构、各部门架构、各部门岗位设置及编制（标注现有人员）、岗位职责等。

第二，制订年度公司招聘计划汇总表（如表 3-1 所示）。

第三，制订年度培训项目及活动排期表（如表 3-2 所示）。

第四，人员晋级、职位晋升、干部选拔计划。

第五，薪酬预算及全面人力资源预算。

在以上五大部分的规划下，各二级部门还围绕总体规划制定了多项细分计划，比如，招聘板块，按照不同业务单元制定了具体的招聘时间表；根据不同招聘渠道，制定了各岗位详细的招聘广告投放时间、筛选简历时间、面试时间、入职时间等；校招项目组还根据招聘计划和在校生可上岗时间制定了宣讲、面试、入职培训等具体工作计划……同时，不同小组根据实施情况制定了各自的费用预算，统一汇总为人力资源部预算。

详细的年度规划确定后，为一年的工作明确了方向，之后，将年度规划分解到季度、月、周。当然，实际运行过程中，也会遇到突发情况，要根据具体情况，围绕年度总体战略目标，及时做出调整。有了详细的年度规划，加上滚动调整的具体工作计划，及时进行总结和复盘，相信一定能圆满地完成年度战略目标。

表 3-1　2024 年度招聘计划汇总表

部门	岗位	现有情况	2024 年每月人员招聘计划表												合计招聘
		人数	1月	2月	3月	4月	5月	6月	7月	8月	9月	10月	11月	12月	
×× 部	××× 专员	5				1					1				2
	×××× 主管	5									1				1
	小计	10				1					2				3
……	……	……													
×× 部	××× 专员	2		1											
	×××× 主管	2		1											
	小计	4		2											
	合计														

表 3-2　年度培训项目及活动排期表

月	项目	第一周	第二周	第三周	第四周	第五周
1 月	活动	希望小学慰问	高管团建	各部门团建 + 生日会	年度表彰总结会	小年活动 新春祝福
	新员工入职培训	一期	一期	无	无	二期
	新员工试用期培训			一期		
	新员工转正培训			一期		
	专业学习	各部门实施	各部门实施	各部门实施	各部门实施	各部门实施
	全员学习					目标与执行力主题
	……					

第二节 招聘需求分析与确认

不论是在制定年度规划时有关部门提出的招聘需求，还是在日常工作中临时产生的招聘需求，人力资源部在接到招聘需求的那一刻，首先要做的不是立刻开始搜简历，而是要进行沟通和分析，招聘工作才能有的放矢。

当接到招聘需求后，HR 要做的第一件事，就是与需求发起人沟通。

沟通招聘需求，不是简简单单地问对方“招什么样的人？招几个？什么时候上岗？有什么要求？”而是要站在组织的角度，先对招聘需求进行评估，再对招聘需求进行分析。招聘需求评估可以参考以下问题。

· 需要招什么岗位？

· 是现有的岗位还是新增设的岗位？

· 是补充流失人员还是新增的编制？

· 这个岗位如何支撑组织目标的达成？

· 是否可以通过调整工作流程、内部人员兼任、合并岗位职责、外包等方式达成组织目标，从而降低人工成本？

通过以上问题，我们可以帮助招聘需求发起人系统思考招聘的必要性，以及探索更高效的解决办法。如果是必须要招聘的，可以进一步梳理如下招聘需求。

· 需招聘人员的具体岗位职责是什么？

· 要招聘多少人？现有团队工作量是否饱和？有无调整空间？

· 是否是阶段性工作量增加而导致用人需求？可否通过借调、现有人员加班等方式解决？

· 招聘岗位的具体要求（学历、能力、工作经验、年龄、求职动机等，可参考冰山模型）、薪资区间等。

·（对一些能力、经验的要求）为什么此岗位需要这些技能？如没有是否可以？

· 对性别、毕业学校、居住地等是否有隐性的特殊要求？为什么？

· 同样的条件下，有无优先录用的条件，为什么？

· 计划在多长时间内招到理想人员？如果可以降低标准，能接受哪些标准的调整？

…………

通过这两部分的沟通，我们可以对招聘需求做一个全面的评估，同时，为了提高沟通的效率，人力资源部可以制作招聘需求申请表，让需求发起人填写该表格，帮助用人部门进行思考，提高沟通效率。招聘需求申请表样表见表 3–3。

表 3–3 招聘需求申请表（样表）

申请部门		申请人职位		申请人		申请时间	
需招聘岗位情况							
岗位名称		岗位类型	□管理类 □专业类 □销售类 □实习生 □临时用工			招聘人数	

（续表）

<table>
<tr><td>工作地点</td><td></td><td>招聘类型</td><td colspan="2">□年度计划内招聘
□年度计划外招聘
□补充流失</td><td>最晚到岗时间</td><td></td></tr>
<tr><td rowspan="4">申请原因</td><td colspan="2">这个岗位如何支撑组织目标的达成？</td><td colspan="4"></td></tr>
<tr><td colspan="2">是否可以通过调整工作流程、内部人员兼任、合并岗位职责、外包等方式达成组织目标？</td><td colspan="4"></td></tr>
<tr><td colspan="2">现有团队工作量是否饱和？有无调整空间？</td><td colspan="4"></td></tr>
<tr><td colspan="2">其他</td><td colspan="4"></td></tr>
<tr><td rowspan="6">基本要求</td><td colspan="2">学历要求</td><td></td><td rowspan="6">理由</td><td colspan="2" rowspan="6"></td></tr>
<tr><td colspan="2">专业要求</td><td></td></tr>
<tr><td colspan="2">外语要求</td><td></td></tr>
<tr><td colspan="2">工作经验要求</td><td></td></tr>
<tr><td colspan="2">能力要求</td><td></td></tr>
<tr><td colspan="2">其他要求</td><td></td></tr>
<tr><td>特殊要求</td><td colspan="2"></td><td></td><td>理由</td><td colspan="2"></td></tr>
<tr><td colspan="7">招聘需求评估</td></tr>
<tr><td>人力资源部评估</td><td colspan="6">评估情况及建议：
简历筛选负责人：
初试负责人：
复试负责人：
终试负责人：
其他说明：</td></tr>
</table>

（续表）

招聘需求审批			
需求发起部门总监		人力资源总监	
总裁		董事长	

通过填写上表，不仅可以帮助招聘需求发起人和人力资源部明确招聘的必要性，还可以帮助负责招聘的 HR 清晰梳理出 JD（Job Description 的简称，即职位描述），JD 要涵盖岗位硬性要求（性别、年龄、专业及学历要求、资格证要求、从业经验、工作地点、身体健康状况等）、应知应会专业知识、工作必备综合技能、职业态度、特别加分项等。通过梳理，不仅可以使双方对招聘的目标达成共识，明确招聘过程中筛选简历、初试、复试、录用决策的责任人，还通过逐级审批，使上下级之间、平行部门之间对本次招聘的目标达成共识，让后续的招聘工作有章可循，有据可依。

但是，至此，招聘需求分析的工作并没有结束。招聘需求申请通过后，人力资源部可以按照要求搜索 5~10 份简历，供用人部门进行审核，邀约初试。HR 在跟进简历筛选、初试的过程中，也可以不断地修正、明确用人标准。同时，我们也要不断反思，招聘需求是否需要调整？此岗位对企业战略实现的支撑点是否准确？岗位设置是否可以优化？内部人员是否可以推荐、借调、晋升以满足招聘需求……

如果在招聘过程中，发现可以进行调整，或是因工作内容调整而不再需要进行招聘，可以在招聘管理的流程中增加“招聘需求撤销申请”，明确招聘需求撤销的原因，逐层审批达成共识，对此项工作形成闭环管理。

第三节 招聘渠道的选择

企业获取人力资源的渠道就是我们常说的招聘渠道，主要分为内部渠道和外部渠道。

内部招聘渠道主要是通过内部晋升、岗位调整、轮岗、人员返聘及内部推荐等方式选拔合适的人员补充到空缺的岗位上。内部招聘的人员在企业文化、工作流程、团队配合的适应上有较大优势，同时稳定性也更高。但在进行内部招聘时，一定要有公平、透明的选拔招募机制及较好的组织氛围，同时，内部招聘的人员需要企业和用人部门投入较高的培养成本。常用的内部招聘渠道对比如表 3-4。

表 3-4 常用的内部招聘渠道对比

渠道	优点	缺点	具备条件
内部晋升	有利于激励员工，激发员工的积极性和创造性，增加员工对企业的忠诚度，文化融入度更高	人员来源有限，可能导致不良竞争，如不够公平，可能引发内部矛盾	企业晋升制度公开，程序透明；企业有完善的培训体系；前期宣传要到位
职位调动	避免内部人才浪费，可以扩展员工的知识、技能	仅限于在工作内容相近的职位之间进行；可能会引发调动部门的不满	企业应有完善的内部调动管理制度，有必备知识技能的培训、带教体系

（续表）

渠道	优点	缺点	具备条件
内部推荐	费用较低，有内部员工的信任背书，新入职人员能较快融入企业环境	可能在企业内部产生裙带关系	企业要建立内部推荐的奖励、管理机制
退休人员返聘	知识、经验丰富，降低招聘成本	精力不足，可能缺乏工作热情	确定适合退休返聘的岗位，建立机制，做好健康管理

外部招聘渠道主要是通过网络招聘、校招、招聘会、社交平台、猎头公司合作、外部推荐等方式招募人员。相较于内部招聘获取的人员，外部招聘的人员可以为企业带来新思想和新方法，同时，也可以吸收一些企业目前缺乏的优秀的人才，在内部团队中间产生“鲶鱼效应”。但是，外部招聘成本高、投入大，人员上岗后因适应不良导致人才流失的风险也较高。常用的外部招聘渠道优、缺点对比如表 3-5 所示。

表 3-5　常用的外部招聘渠道优、缺点对比

渠道	优点	缺点
网络招聘	近些年使用较为广泛，网络招聘信息传播面广，可以吸引较多求职者关注，同时也可以进行企业品牌的宣传	投入较高，平台较多，但需要筛选，不能控制招聘人员的数量与质量，企业收到的简历数量大，筛选时间投入较多
校招	能够找到数量充足的高素质、高潜力人才，有利于企业雇主品牌打造，招聘成本随招聘人数的上升而下降	有时间限制，需要在毕业季前开展。毕业生缺少实践工作经验，培训成本高，对工作的期待有可能过于理想，易产生落差
人才招聘会	短时间内可收集较多求职者信息，招聘成本较低，同时，企业可进行宣传	效率不高，近些年效果一般，较少收获高端人才

（续表）

渠道	优点	缺点
猎头公司	可以快速、准确地招聘到高级人才，服务专业，目标准确，可定向招聘高端人才	招聘成本高，不专业的猎头公司会影响招聘质量

不论是内部招聘还是外部招聘，招聘渠道没有最好，只有最适合，招聘渠道是为招聘目标服务的。我们在招聘时，一要分析所招聘岗位的候选人在哪里，二要分析不同招聘渠道的投产比（投入产出比），来选择合适的渠道。

除此之外，近些年随着科技的发展和人才大战愈演愈烈，HR们也在不断尝试和探索新的招聘渠道，对照“客户在哪里，我们就在哪里”的营销思路，很多企业也喊出了“候选人在哪里，我们就去哪里”的招聘口号，大胆尝试新方法。比如，在新产生的职场社交平台，如脉脉、领英等联系候选人、发布招聘信息等；比如，加入专业的微信交流群，和潜在候选人进行沟通，如HR加入市场人员的交流群；比如，想要招研发人员，HR就把办公地点搬到了互联网企业聚集地的咖啡馆；比如，有些企业在抖音开直播展示企业，进行招聘，在分享类APP（如小红书、知乎、豆瓣等）发布企业介绍和岗位信息；比如，与应聘未成功的候选人、离职的员工保持良好的联系，在合适的时间让对方推荐候选人……时代在变，招聘的渠道也在变，各种新的招聘渠道需要我们去勇于“折腾”。我们在不断尝试的时候，要边实践边总结，围绕渠道的有效性、可行性、经济性做好招聘过程的数据分析，选择最合适、性价比最高的招聘渠道，使我们的招聘事半功倍。

经验分享

招聘渠道管理要重视数据的积累和分析

不论是选择招聘渠道，还是后续的招聘计划制定，都是在根据数据进行趋势的预测。选择招聘渠道时，可以积累和关注以下数据。

1. 渠道投产比

渠道投产比 = 渠道投入成本 / 渠道入职人数

投产比在总量上反映出该渠道的性价比，根据公式算出该渠道的单人招聘成本。

公式可以按照周期来测算，如年度、月度的投产比；也可按照岗位来测算，如在A网站销售员的投产比、行政专员的投产比等。同时，还可以对新入职人员进行跟进，将此公式变形为“渠道投入成本 / A岗位3个月留存人数”，测算该渠道招聘的人员的质量。

2. 招聘贡献度

招聘贡献度 = 本渠道A岗位入职人数 / A岗位入职总人数

数据的测算需要固定一段时间，招聘贡献度的对比可以帮助我们对后续招聘费用投放进行决策。

第四节 招聘计划的制订

招聘计划分为按周期的招聘计划和按岗位的招聘计划以及特殊招聘项目计划。

按周期的招聘计划，如年度招聘计划、季度招聘计划、月度招聘计划等；按岗位的招聘计划是以岗位为单位，以招聘流程为时间线制定的招聘工作开展计划。

一、按周期制订招聘计划

1. 年度招聘计划

按周期制订的招聘计划，也有所侧重。在制订年度招聘计划时，侧重于企业发展战略和对组织架构及内外部人员供求关系的预测，同时需要考虑现有人员的调配和培训、招聘成本投入等。

年度招聘计划主要由以下几部分构成。

企业年度招聘计划汇总表、月度招聘目标分解计划、校招工作计划、年度招聘渠道投放计划、年度招聘预算等部分。若企业有每月固定需要补充的岗位，比如操作类岗位、销售类岗位，可以根据具体情况按重点岗位制定具体招聘计划表。其他涉及招聘计划制定的规划，如组织架构规划、人员编制规划、内部人员晋升及培养规划等一般会在组织发展模块或人力资源规划板块完成。

在制定年度招聘计划时，需要根据历史数据进行测算，我们掌握的历史数据越多，对周期性的人力资源市场供给情况就会越了解，所制定的规划就会越精准。以下附表可以作为参考，具体使用时需要结合企业实际情况进行调整、修改。

2. 日常招聘计划（季度、月度均可）

季度、月度、周招聘计划侧重于执行年度规划时的目标分解、调整及跟进。日常招聘计划是根据年度招聘计划分解而来的，但会受到临时招聘需求的影响。招聘计划表要搭配相关的日常数据报表使用，可以作为索引表，实时更新招聘进度，监测招聘目标完成情况。

年度招聘计划、日常招聘计划参考见表 3–6 至表 3–11。

表 3-6　年度招聘计划汇总表样表

年度招聘计划汇总表															
部门	岗位	现有情况	××××年每月人员招聘计划表												合计招聘
		人数	1月	2月	3月	4月	5月	6月	7月	8月	9月	10月	11月	12月	
××部	×××专员														
	×××主管														
	小计														
……	……														
××部	×××专员														
	×××主管														
	小计														
	合计														

表 3-7　校招推进计划表样表

负责人	序号	省市	学校名称	院系	专业	可上岗时间	招聘目标人数	是否合作	联系人	联系方式	职级 / 负责工作	开展计划	投入费用核算

表 3-8　× × 月月度招聘计划表样表

序号	中心	部门	岗位	数量	上岗时间	招聘责任人	招聘渠道	紧急程度	是否上岗
示例	财务中心	财务部	会计	1	× 月 × 日		× × 招聘 × × 直聘	★★★★★	

表 3-9　年度招聘预算样表

序号	模块	类别	项目	本年度预算	上年度预算	上年度实际花费	本年/上年对比分析	支出时间												
								1月	2月	3月	4月	5月	6月	7月	8月	9月	10月	11月	12月	小计
	招聘	渠道费用	×× 招聘																	
			×× 直聘																	
			……																	
		校招	活动赞助																	
			物料印刷																	
			……																	
		物料制作	宣传页印刷																	
			招聘展架																	
			……																	
合计																				

表 3-10　招聘渠道投放计划样表

序号	类型	渠道名称	上年度入职人数	3 个月留存人数	上年度投入费用	渠道优势分析	本年度预计上岗人数	本年度投入费用	本年度渠道费用明细
示例	网络渠道	××招聘	30	25	20000		40		可附表

表 3-11　××月招聘计划表样表

序号	中心	部门	岗位	数量	上岗时间	招聘负责人	招聘渠道	紧急程度	是否年度计划内	情况说明	本月目标	岗位要求	简历筛选人	面试小组
示例	行政中心	人力资源部	培训专员	1	×月×日		××招聘 ××直聘	★★★★★	是	按年度规划招聘	上岗			初试人员： 复试人员： 终试人员：
示例	运营中心	运营部	线上运营专员	2	×月×日		××招聘 ××直聘	★★★★★	否	模式调整，新增2名编制	明确需求，每日≥3份审核通过的简历，月底入职≥1人			初试人员： 复试人员： 终试人员：

二、按岗位制订招聘计划

另外一种招聘计划的制订方式，是在周期计划的基础上，按照所招聘岗位，制订具体招聘计划。

简化、优化招聘流程可以提高招聘效率，精准吸引、识别企业需要的人才。招聘流程大体分为如下几个环节，见图 3–2。

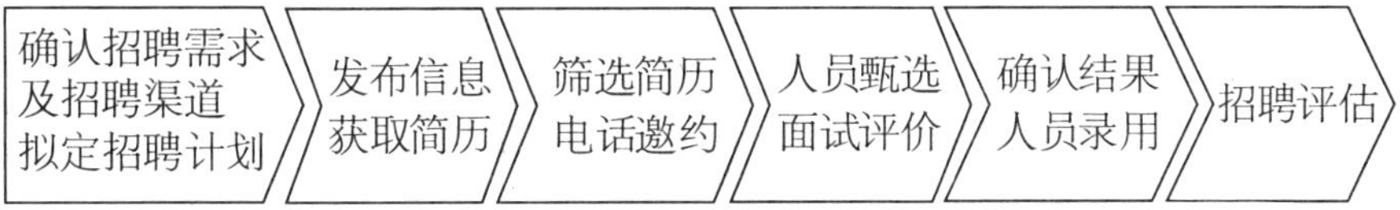

图 3–2　招聘流程图

按照上述环节，我们在接到招聘需求后，对于所要招聘的岗位，需要思考和关注以下几个问题。

· 我是否清晰知晓这个岗位的职责？我能否和候选人讲解清楚？

· 这个岗位的画像是什么样？

· 这个岗位的目标人群在哪里？（用什么招聘渠道，在哪里发布招聘信息）

· 从开始招聘到候选人上岗，一般需要多久？（基层岗位一般 1 个月左右，重难点岗位 2~3 个月，高层一般 3 个月以上，根据过往招聘周期进行预测）

· 岗位的各个环节转化率如何，有无历史数据参考？（用来精准核算每日目标）

· 甄选流程分为几个环节？每个环节谁参与？谁决策？

· 各个环节面试采用何种面试方法，是否已有面试题库？

· 是否设计笔试环节？试题及评价标准是否已具备？

…………

根据不同岗位，定制化设计招聘流程，如较为复杂的高管招聘，可以参考表 3-12 所示的流程。

同时，按岗位制订招聘计划时，可以建立候选人台账（如表 3-13 所示），这样，在做好候选人数据管理的同时，可以清晰、直观地看到招聘的进度。

表 3-12 高管招聘流程参考

阶段	具体内容	责任人	工作成果
确认招聘需求	招聘高管时，需由人力资源总监对接该岗位直接上级或企业总裁，明确岗位要求。拟定后，由总裁审核并通过后发布	岗位负责人、人力资源总监	职位描述
制订招聘计划	岗位负责人根据职位描述设计招聘环节，明确各环节面试责任人，确定完成时间，逐级审核，直至总裁确认后执行	岗位负责人	招聘计划
发布招聘信息	岗位负责人按计划将招聘信息发布至招聘渠道	岗位负责人	发布岗位
筛选简历	岗位负责人按职位描述对主动投递的简历进行筛选，将筛选后的简历推送至简历审核人；如简历量不足，每日需在主要渠道进行搜索，联系合适的候选人，并将简历推送至简历审核人	岗位负责人、简历审核人	合格简历 × 份 / 日
邀约面试	与简历审核通过的候选人进行沟通，简要介绍企业及岗位情况，邀约面试	岗位负责人	初试 × 人 / 周 复试 × 人 / 月

（续表）

<table>
<tr><th>阶段</th><th colspan="2">具体内容</th><th>责任人</th><th>工作成果</th></tr>
<tr><td rowspan="5">甄选人员</td><td colspan="2">岗位负责人安排面试时间、地点，组织面试官准时参加面试；与面试官共同面试，跟进人员情况</td><td>岗位负责人</td><td>按计划实施面试</td></tr>
<tr><td>初试</td><td>按照计划，由人力资源总监进行初试沟通</td><td rowspan="4">面试小组岗位负责人</td><td rowspan="4">招聘数据</td></tr>
<tr><td>复试</td><td>按照计划，由相关高管（3~5 人）组成面试小组进行集体面试，面试小组组长向总裁汇报面试结果</td></tr>
<tr><td>能力测评</td><td>安排通过复试的候选人进行线上能力测评，测评问卷为第三方提供，测评结果为终试决策提供参考</td></tr>
<tr><td>终试</td><td>按照计划，由总裁进行终试，人力资源部总监陪同面试</td></tr>
<tr><td>确认面试结果</td><td colspan="2">人力资源总监向总裁确认面试结果，落实后续流程</td><td>人力资源总监</td><td>确认面试结果</td></tr>
<tr><td>薪资确定</td><td colspan="2">确定面试结果后，根据任职资格模型和该岗位市场薪资、候选人期望薪资等因素确认薪资范围。审批后，由人力资源部沟通薪资</td><td>人力资源总监</td><td>薪资范围</td></tr>
<tr><td>背景调查</td><td colspan="2">人力资源部对候选人进行背景调查，联系其近期履历中的上级、下级、平级不少于 3 人，验证面试情况</td><td>岗位负责人</td><td>背景调查结果</td></tr>
<tr><td>体检</td><td colspan="2">背景调查通过后，通知候选人进行指定项目的体检</td><td>岗位负责人</td><td>体检结果</td></tr>
<tr><td>人员录用通知</td><td colspan="2">体检合格后，与候选人确认入职时间，人力资源部拟定《录用通知书》发至候选人邮箱</td><td>岗位负责人</td><td>《录用通知书》</td></tr>
<tr><td>入职手续办理</td><td colspan="2">提前协调、安排工位及办公用品，与上级沟通入职流程及培训安排，接待入职</td><td>岗位负责人</td><td>入职安排清单</td></tr>
<tr><td>招聘评估</td><td colspan="2">候选人入职一周后，确认岗位匹配情况和工作表现，如无异动，对招聘全流程进行复盘，对各环节数据进行分析，出具招聘评估</td><td>岗位负责人</td><td>招聘评估总结</td></tr>
</table>

表 3-13 候选人台账样表

序号	日期	邀约人	面试职位	姓名	性别	联系电话	学校	专业	职称 / 资格	招聘渠道	简历审核	电话沟通情况	初试时间	面试官	初试结果
（接）	复试时间	面试官	复试结果	能力测评	终试时间	面试官	面试结果	薪资谈判	背景调查	体检	入职时间	发放录用通知书	是否入职	接待人	备注

三、特殊招聘项目计划

有时，针对企业拓展新业务板块，或短期急需某一岗位大量人员等特殊情况，需要制定专项招聘计划。根据具体情况，人力资源部可提前拟定具体方案及预算，经审批通过后执行。

一般来说，项目招聘计划包含以下 7 个部分。

第一，制订项目目标，按 SMART 原则（即：纯净指标必须是具体的、可衡量的、可达到的、与其他目标具有一定相关性的、必须有明确的截止期限），对什么时间完成哪些岗位的招聘计划，主要通过哪些渠道，需要投入多少人力、物力等进行总体说明。

第二，制订招聘目标，明确岗位、人数、岗位要求等。

第三，厘清项目组成员范围及权责要求，明确都有哪些人参与本项目，其在各个环节所享受的权利和承担的责任有哪些。

第四，确定招聘渠道，明确通过哪些渠道招聘，投入的预算费用等。

第五，确定招聘流程及周期，明确整体招聘流程涉及哪些环节，各环节具体操作要求、人员等。

第六，制订费用预算计划，明确整体招聘项目所需要的费用明细。

第七，其他需要补充、说明的事项。

第四章 高效的人员甄选评价策略

第一节 确定人员甄选环节及工具

人员甄选是指通过运用一定的评价工具和机制对候选人进行考察和筛选，从而甄别出符合组织需要的、最合适的候选人的过程。人员甄选的过程并不是千篇一律的，而是根据职位所要求的知识技能、职位的重要程度等因素进行设计，人员甄选过程中各个环节的目的不同，所对应的甄选工具也不相同，选择合适的工具是有效甄选的重要保障。

常用的人员甄选环节及工具有测试、面试、评价中心等。

一、测试

有些集中招聘会将笔试作为人员甄选的第一个环节，笔试设计可以根据职位要求选择智力测试（测试候选人智力水平）、专业知识测试（岗位相关的专业知识）、定向能力测试（如学习能力、创新能力、问题分析与解决能力、团队管理能力等）、心理测验与性格测试，等等。

笔试题目需要包含题目、答案及评分标准等。智力测试、定向能力测试、心理测验、性格测试等尽可能使用信度和效度较高的制式量表，尽可能使用线上考试系统进行测试，测试时间一般不超过 2 小时。

测试所需要投入的开发成本、操作成本较高，可以有选择地使用，如批量校招时，设计基础笔试问卷考察候选人基本素质及职业道德水平；招聘高管时，加入能力测验题，客观评价其能力及潜力等。

二、面试

人员甄选中使用最为广泛的方式是面试。

1. 按标准化程度分

面试分为结构化面试、非结构化面试、半结构化面试等，其各自的特点如表 4-1 所示。

表 4-1　结构化、非结构化、半结构化面试的定义及特点

名称	定义	特点
结构化面试	根据特定职位的胜任要求，提前设计好问题和答案，根据评价标准评价候选人是否符合招聘岗位的要求	优点是面试官可以根据候选人回答进行评价，并对不同应聘者的回答进行比较，面试的信度和效度较高；缺点是不能进行题库以外问题的提问，限制了面试的深入性，问题事先预设好，也会导致不连贯或唐突
非结构化面试	面试官可以随意和候选人讨论各种问题，所有问题没有预先设计的框架，面试官可以根据候选人不同提出不同的问题	优点是双方在交流过程中都比较自然，问题会比较连贯，可以全面了解候选人，候选人也会更轻松；缺点是由于不同候选人回答的问题不同，可能会影响面试的信度和效度，可能会遗漏关键问题

（续表）

名称	定义	特点
半结构化面试	介于非结构化面试和结构化面试之间，面试中对一部分内容做统一要求，对另一部分内容不作统一要求，在预先设计好的结构化面试题目的基础上，向候选人提出一些随机性的问题	半结构化面试结合了非结构化面试和结构化面试的优点，避免了二者的不足，面试官可以获得更完整、更深入的信息，面试可以在系统结构和灵活深入方面有效平衡。但其缺点是主考官的随意性较大，效度较低

2. 按组织形式分

面试分为一对一面试、系列面试、小组面试、集体面试等。

一对一面试，顾名思义，由 1 名面试官与 1 名候选人进行单独的沟通。

系列面试，又叫顺序面试，是由几位面试官依次对候选人进行面试。每一位面试官从自己的角度提出不同的问题，对候选人进行独立的评价。然后面试官们对每位候选人的评价结果进行综合分析、比较，最后做出决策。系列面试可以规避一对一面试时可能出现的面试官做评价不公正、主观等问题。

小组面试，由几位面试官同时对一位候选人进行面试。面试中有一位主面试官，每位面试官可以从不同角度提出问题。

集体面试，由多位面试官同时对多名候选人进行面试，面试官提出问题后，候选人自由决定回答顺序。

3. 情境化结构面试

情境化结构面试属于结构化面试的一种，又称为行为事件面试技术，在面试中使用较为广泛。在情境化结构面试中，候选人要回答的问题是在未来工作中很可能会遇到的非常具体的工作任务、工作难题，面试官事先已经清楚哪些行为会导致较好、一般、超差的绩效结果，因此可以根据候选人的回答对候选人进行评价。

行为事件面试技术要遵循“STAR 原则”——先向候选人描述他们可能会面对的典型情境（Situation），以及需要完成的主要工作任务（Task），询问他们要采取哪些行动或具体的行为（Action），最后说明行动产生什么么样的结果（Result）。

面试的问题可以分为两类，一类是过去导向型，以过去的经验为依据，要求候选人回答他们在过去的工作中遇到的情境以及当时他们是如何处理的，比如“你在过去的工作中进行过最艰难的变革是什么？遇到的最大的问题是什么？您是如何完成的？效果如何？”另一类是未来导向型，是假设未来会遇到的情况，询问候选人会采取什么样的方法，比如，“如果你担任 ×× 职位时，遇到你安排工作后下级迟迟不行动的情况，你会如何处理？”

除了上面提到的面试类型，日常还会用到压力面试、视频面试等方式甄选人员。此外，为了考察候选人的性格、特点、价值观或求职动机，以及判断候选人与本企业文化的匹配程度，有的企业高层还会与重要岗位的候选人在非工作场合进行沟通或共同参加一些活动，如登山、健身、品茶等。

三、评价中心技术

评价中心技术起源于第二次世界大战前后军方用来挑选军官所设计的测评方法，后被广泛运用于企业选拔和评估管理人员。近代的人才评价中心通过多种方式对人才的能力、素质进行测评，从而对测评对象进行客观、全面、准确的了解。

评价中心技术指的是通过设置逼真的模拟系统或工作情境，设计一种或多种测评方式，被测评者在系统中完成对应的各项工作任务，如处理多项公文、进行决策、沟通协调、处理各种问题和突发事件等，多位测评者在系统观察之后，为企业提供较为准确、完整、立体的人员评价。但是，由于评价中心投入的成本较高，一般对重要岗位进行评价时才会使用；同时，评价中心产生的评价主观性较大，实施评价的人员需要具备较高的专业度才能使评价结果有较高效度和信度。

比较典型和常用的评价中心技术方法有公文筐测验、无领导小组讨论、角色扮演、管理游戏等。

1. 公文筐测试

由测评者设计多个该岗位需要处理的文件提供给被测评者，可以是电话、邮件、文档等形式，要求被测评者在规定时间处理完毕，还要以口头或书面的方式说明自己处理的原则和理由。测评者会根据被测评者处理文件的质量、效率、任务排序以及处理过程中表现出的各项能力进行评价。

2. 无领导小组讨论

一般组织 6~8 名被测评者构成一个不指定负责人的小组，要求小组成员围绕命题进行探讨并做出决策，目的在于根据被测评者在全程的表现，考察其沟通、协调、问题处理、团队精神等多方面的能力。讨论的问题可以设计为开放性问题、两难问题、多项选择问题、资源争夺问题等。

无领导小组的测评形式也广泛运用在校招、选拔管理人员、培训项目设计等情境中。

3. 角色扮演

角色扮演是预先设定假想的工作环境，让被测评者扮演某一个角色处理工作，测评人根据被测评者的具体行为和工作处理情况对其进行评价。通过角色扮演这一方法进行测评时，可以单人施测，也可以多人同时施测，灵活性较强。

4. 管理游戏

管理游戏通常以小组形式进行，依托测试方提供的材料和工具，围绕完成某项“任务”这一目标，对小组成员之间彼此沟通、协作的过程进行观察和评价。管理游戏可以灵活调整以达到测评的目的，比如可以指定小组成员的角色，也可以参考无领导小组的方式观察每个人的反应；可以设置一些困难或条件，比如禁止某些成员开口沟通或蒙住其眼睛、设定时间要求等。

面试方法和面试问题，不是越复杂越好、越花哨越专业，而是要以实用为出发点，根据企业的招聘目标，用最小的成本、最少的时间、最便捷的方式选出最合适的人。我们要根据所招聘岗位的要求，在面试前设计好甄选的环节，选择最科学、高效的甄选工具，准备好相关题目和评价标准，才能在有效的时间里，甄别出合适的候选人。

第二节 候选人简历筛选与简历管理

一、候选人简历筛选

在招聘需求分析中，我们明确了岗位要求；根据岗位要求，可以确定主要的招聘渠道；制定清晰的招聘计划，明确甄选的流程和机制，就完成了招聘前期的准备工作。然后，就要进入简历筛选和面试环节。

面对众多简历，如何缩小范围，快速筛选出我们所需要的简历？负责招聘的 HR 是简历筛选的第一道门槛，重点关注以下 4 个方面。

第一，查看简历的完整情况，整体浏览简历，如简历过于简单，不仅无法获取人员的具体信息，也从侧面反映出此候选人的求职意向不高。

第二，根据岗位要求筛选基本信息，如年龄、学历、职称等，对不达标的简历进行排除。

第三，根据岗位任职资格关注其职业履历，如相关工作经验、职位等。

第四，重点关注过往工作内容、项目经验等，结合其他信息做逻辑分析，比如其年龄和学习经历是否相符，不同工作经历和项目经验之间是否有矛盾，职位和其工作内容是否对应，等等。

在审核简历时，我们还要根据岗位特点适当调整审核重点。

对于大量招聘的基础岗位，我们可以预先明确简历合格的标准，放大招聘的入口，做排除法，比如，某企业招操作工，只要年龄符合，无不良记录，愿意做的人都可以参加面试。

对于一般岗位，我们可以对学历、工作经历做综合要求，比如，某企业在招聘行政专员时要求有专科学历，有 5 年以上相关工作经验就可以邀约面试，如果是本科学历，有 1 年以上工作经验就可以邀约面试，不强制要求必须本科学历或专科学历，这样可以放大招聘的入口。

对于管理岗位，甚至是高层的管理岗位，则更关注其工作经历、项目经历与本企业所招聘岗位的匹配度，如项目的难度、规模、复杂度、项目的量化成果等，一般来说，匹配度达到 60% 以上就可以进入后续的面试环节。

简历的审核和筛选，重难点在于对简历内容进行交叉对比和分析，以获取候选人完整、全面的信息。在筛选简历时，我们可以对简历中的亮点和存疑点进行标记，比如对亮点标记“○”，对存疑点标记“?”，并在后续的面试中进行重点沟通。另外，如果不是岗位有硬性要求，为了扩大人才入口，我们在审核简历时，不要过分限制某些条件，比如要求学历必须是研究生以上、必须是学相关专业的、必须有大型企业同职位的工作经历、必须有同岗位 10 年以上工作经验等。简历的筛选要放大入口，综合考虑，避免错过合适的人才。

如果是专业岗位或中高端岗位，一般来说，简历还要通过部门上级或专业面试官的审核，负责招聘的 HR 须跟进审核的进度。如果简历审核通过率过高或过低，都需要及时与审核人沟通，了解其审核的重点和原因，及时纠正过宽或过严的审核标准，提高简历筛选的精准度。

二、简历管理

为了便于管理招聘流程中候选人的信息，便于提高招聘工作效率，便于后期开展招聘评估，我们要有简历管理的意识。

就像做人员信息管理一样，建立简历库，我们要先建立简历库的管理逻辑，也就是框架。可以参考“先分职族，再分岗位”的顺序，从以下 5 个方面对庞大的资料进行整合。

1. 简历文档规范命名

对我们掌握的电子版简历，要进行统一、规范的命名，便于后续整理存档。可以参考“2023.6.15—智 ×—产品总监—张 ××—130××××××××”（也就是“时间—渠道—岗位—姓名—电话”）的样式，便于后期查找。

（1）时间：简历获取的时间，要以“年 + 月 + 日”的方式，而不要图一时省事写“月 + 日”，否则，等到积累了一段时间后，查找起来将会非常困难。

（2）渠道：写明简历获取的渠道，是某招聘网站、招聘会，还是内部推荐……

（3）岗位：便于分类整理，如果适合多个岗位，可进行标注。

（4）姓名：要正确写全名，注意核对名字是否准确。

（5）电话：便于查找信息和联系。

如果想更明了地管理简历，还可以在简历文档名称中标注候选人目前的状态，比如通过、不通过、待初试、待复试、待入职，等等。

纸质版简历，按照岗位分类和简历库的目录索引，做好编号并存档，通过文件夹、文件盒、文件筐等办公用品进行分类整理存放。

2. 设计目录索引

可以参考表 4–2 建立简历库的目录索引，目录索引中的信息，可以根据需求进行提取，信息越全面越好，但要综合考虑录入的时间成本和后期使用的便捷性。对纳入简历库管理的简历范围，如果信息量较大，可以结合企业的要求，只对初审通过 / 参加面试 / 参加复试等环节的信息进行管理。

表 4–2　简历库目录索引参考

序号	日期	获取人	获取渠道	面试职位	姓名	性别	联系电话	学校	专业	职称 / 资格	人员情况	简历链接

3. 录入标准信息

确定目录索引的内容后，每日对获取的简历进行录入，每周对信息进行整理、存档及数据分析，要注意录入信息的准确性。

4. 日常更新维护

日常工作中，要养成良好的习惯，每日及时整理简历资料，及时录入电子版信息，对纸质版资料分类整理。

每日要根据岗位招聘进度更新简历库信息，及时更改人员状态，如待邀约、待面试、初试未通过、待复试、复试未通过、待终试、终试未通过、待入职、已入职等。纸质简历资料在未完成招聘前，也可用便签标记后分类存放。

5. 定期分析数据

招聘需要大量的数据分析和积累，要学会在数据中总结规律，分析和改善问题。

在简历管理中，我们需要做好数据统计——各个招聘渠道每日 / 周 / 月获取的 ×× 岗位的简历数。根据数据，可以定期分析不同渠道各个环节的招聘转换率，继而掌握不同岗位在不同渠道的投入产出比。

案例

上半年，×× 公司主要招聘渠道的招聘数据如下。

岗位	获取渠道	下载简历量	电话接通率	答应面试数	面试到场	初试通过	复试到场	复试通过	入职	通过培训	招聘转化率
销售专员	××招聘	1132	1089	865	654	421	322	154	104	97	8.57%
	前程××	235	201	180	154	130	114	72	56	49	20.85%
	××直聘	2361	2165	1986	1752	1258	955	522	386	352	14.91%
	××人才网	125	110	95	87	69	60	52	38	34	27.20%
	××招聘会	85	81	75	72	59	50	42	38	31	36.47%
市场专员	××招聘	30	26	21	20	13	12	4	2	2	6.67%
	前程××	5	3	2	2	1	1	1	1	1	20.00%
	××直聘	18	15	14	12	6	5	2	2	2	11.11%
	××人才网	2	1	1	1	0	0	0	0	0	0.00%
	××招聘会	15	15	12	12	10	6	2	2	2	13.33%

（续表）

岗位	获取渠道	下载简历量	电话接通率	答应面试数	面试到场	初试通过	复试到场	复试通过	入职	通过培训	招聘转化率
招聘专员	××招聘	25	22	20	18	11	10	6	5	5	20.00%
	前程××	3	3	2	2	1	1	0	0	0	0.00%
	××直聘	28	23	19	16	10	8	7	6	5	17.86%
	××人才网	2	2	2	2	1	1	1	1	1	50.00%
	××招聘会	5	5	5	5	3	3	2	2	2	40.00%

通过上表我们可以清晰地看到，在这半年中本公司所使用的5个招聘渠道的招聘转化率。

在分析相关数据时，我们可以分析出本公司所使用的5个招聘渠道的各自的总招聘转化率，见下表。

· 各岗位在5个渠道的招聘转化率，可以对比5个渠道的招聘效果。

· 按岗位来说，重点招聘岗位为销售专员，是企业需要长期招聘的岗位，半年度共上岗563人，平均单月入职人数93.8人。

· 销售专员岗位在“×× 直聘”和“×× 招聘”两个渠道资源较为丰富，可以加大招聘预算投入；招聘会上获取简历数量有限，但转化率较高，可以增加投入。

· 以招聘岗位为例，对各个环节转化率做数据分析（下表），对照平均值，看出各个渠道在不同环节转化的差异，对比分析各环节的优势，从各个环节改善提升。如招聘会获取资源虽然最低，但总体转化率达到36%，远超平均值14%。分析原因，招聘会上可以和候选人深度沟通，更容易让候选人产生信任感，因此，后续面试、复试、入职的环节，转化率均较好。

获取渠道	下载简历量	电话接通率	环节转化率	答应面试数	面试到场	环节转化率	初试通过	环节转化率	复试到场	环节转化率	复试通过	环节转化率	入职	环节转化率	通过培训	环节转化率	总招聘转化率
××招聘	1132	1089	96.2%	865	654	75.6%	421	64.4%	322	76.5%	154	47.8%	104	67.5%	97	93.3%	8.57%
前程××	235	201	85.5%	180	154	85.6%	130	84.4%	114	87.7%	72	63.2%	56	77.8%	49	87.5%	20.85%
××直聘	2361	2165	91.7%	1986	1752	88.2%	1258	71.8%	955	75.9%	522	54.7%	386	73.9%	352	91.2%	14.91%
××人才网	125	110	88.0%	95	87	91.6%	69	79.3%	60	87.0%	52	86.7%	38	73.1%	34	89.5%	27.20%
××招聘会	85	81	95.3%	75	72	96.0%	59	81.9%	50	84.7%	42	84.0%	38	90.5%	31	81.6%	36.47%
合计	3938	3646	92.6%	3201	2719	84.9%	1937	71.2%	1501	77.5%	842	56.1%	622	73.9%	563	90.5%	14.30%

通过长期的数据积累，也可以看出同一岗位在不同渠道的人群聚集情况，公司可以根据渠道特点和招聘需求，有的放矢地投入招聘预算。

第三节　候选人邀约与接待

一、候选人邀约

简历审核通过后，HR 会与候选人进行电话沟通，一方面是了解候选人当下的择业情况，确定其是否还在找工作，避免因候选人没有及时修改简历状态造成无效沟通；另一方面是通过电话沟通确认候选人是否达到岗位的硬性要求，提高后续面试的有效性。

一般电话沟通 10~30 分钟，HR 可以提前梳理沟通流程，对各个沟通环节提前做好准备，能够固化下来的内容要提前准备话术并熟练掌握，可参考以下内容。

1. 电话沟通前

根据简历内容准备沟通清单，列出具体沟通事项。

（1）行业情况、公司情况、公司亮点介绍。

（2）岗位情况介绍。

（3）询问简历中的相关事项。

（4）邀请参加面试，介绍面试相关事项：面试共分为几轮，每轮的面试官分别是谁；面试时间沟通；面试形式沟通（线上、线下，一对一面试、多对一面试、群体面试等）；面试地点及乘车 / 驾车 / 公交路线；需要携带的资料和其他注意事项等。

（5）留下联系方式，互相添加微信，便于及时沟通。

2. 电话沟通过程

第一环节：候选人情况确认。电话接通，首先要自我介绍，“您好，请问是 ×× 先生 / 女士吗？我是 ××× 公司人力资源部 ×××，在网上看到您的简历，请问您现在在找工作机会吗？”如果得到肯定答复，可以说：“那您现在方便具体沟通一下吗？大约占您 10 分钟时间。”如果对方是在职，目前只是看看机会，我们也可以继续跟进：“您现在方便沟通或先加个微信吗？给您发一下我们公司 / 岗位的相关介绍。”不要听到对方目前不找工作就放弃沟通。

第二环节：公司介绍。在电话沟通中，大多数情况对方是不了解公司的，所以要结合岗位的特点，事先准备好公司亮点介绍，比如，如果是销售岗位，可以介绍公司资质、客户资源、福利待遇；如果是高层管理岗位，可以介绍公司的战略方向、行业优势等。

第三环节：职位情况沟通。HR 对候选人简要介绍岗位情况，围绕岗位要求，简要询问候选人关键信息，同时需要抛出职位的亮点以吸引候选人参加面试。候选人也会询问其所关心的问题，如一些和岗位相关的专业的问题、薪资福利等。HR 可以事先做一些了解和准备，梳理一套回答的思路，比如薪资范围方面：“我们每个岗位都是根据任职资格确定的，因为是宽带薪酬，所以范围会比较大，我们会通过所有面试环节中您的表现来定岗定级，确认您的职级后，才能知道具体的薪资。除此之外，我们还有全勤奖、餐补、交通补助、通信补助……”如果候选人问的是自己不了解的、比较专业的问题，我们也可以婉转地回复“您问的这个问题比较专业，我不太了解，您可以在面试时和我们的面试官深入沟通。”

第四环节：敲定面试事项。如果在沟通中判定候选人不符合岗位要求，可以推荐对方考虑其他岗位，也可以礼貌告知对方："很抱歉，我们岗位要求 ×× 方面的技能，我们已经将您的信息纳入人才库，如果有适合您的职位，我们会第一时间和您沟通，咱们可以加个微信，您可以了解公司情况，和我们保持联系。"如果判定候选人各项条件均符合，可以询问对方是否可以来公司面试，并沟通具体的面试时间；如果对方短期内不方便来访面试，或候选人在外地，也可以进行视频面试。同时，如果有面试的注意事项，要提前和候选人说明，比如需要携带的资料，需要着正式服装，需要提前 10 分钟抵达，等等。

在整体沟通环节中，HR 要掌握沟通的节奏，如果对方侃侃而谈但话题跑偏，HR 可以及时打断："不好意思打断一下，我想再问您一个问题……"

3. 电话沟通后

礼貌地结束通话后，第一，马上添加候选人的微信，向其发送准备好的公司介绍（图片、文字、短视频等）和面试邀请（示例见图 4-1）等；第二，记录沟通要点，可以在简历上记录沟通要点，并马上将其录入简历库台账，便于后期查找。

面试邀请函

______先生 / 女士：

您好！感谢您对我们公司的信任和选择。恭喜您的简历通过__________（岗位）的审核，现邀请您参加公司线下面试，具体如下。

时间：× 月 × 日（周 ×）14:00

地点：××××××

路线推荐：××××××

面试需携带：1. 个人身份证

2. 个人纸质简历 1 份

3. 个人专业作品

联系人：HR 张 ××　电话 130××××××××

期待与您见面！

××× 公司人力资源部

×××× 年 × 月 × 日

图 4-1　面试邀请函示例

如果候选人答应面试，要记录好预约面试的时间，通知面试官，并标记在个人备忘录中或设置提醒，如果面试官有其他安排需要临时调整，要及时告知候选人。如果候选人暂时未答应面试，可以礼貌地添加微信，保持联系，定期发送问候、温馨提示、公司介绍图文或小视频等，保持长期联系。

二、候选人接待

1. 设计候选人接待流程

从候选人踏入公司的那一刻开始，就已经开始双向选择的过程。公司的环境、接触到的每一个人、听到的每一句话都在影响着候选人对公司的印象，进而影响其选择。因此，要从候选人的角度出发，设计专业的接待流程，以给候选人留下良好的第一印象。候选人接待流程可参考图 4-2。

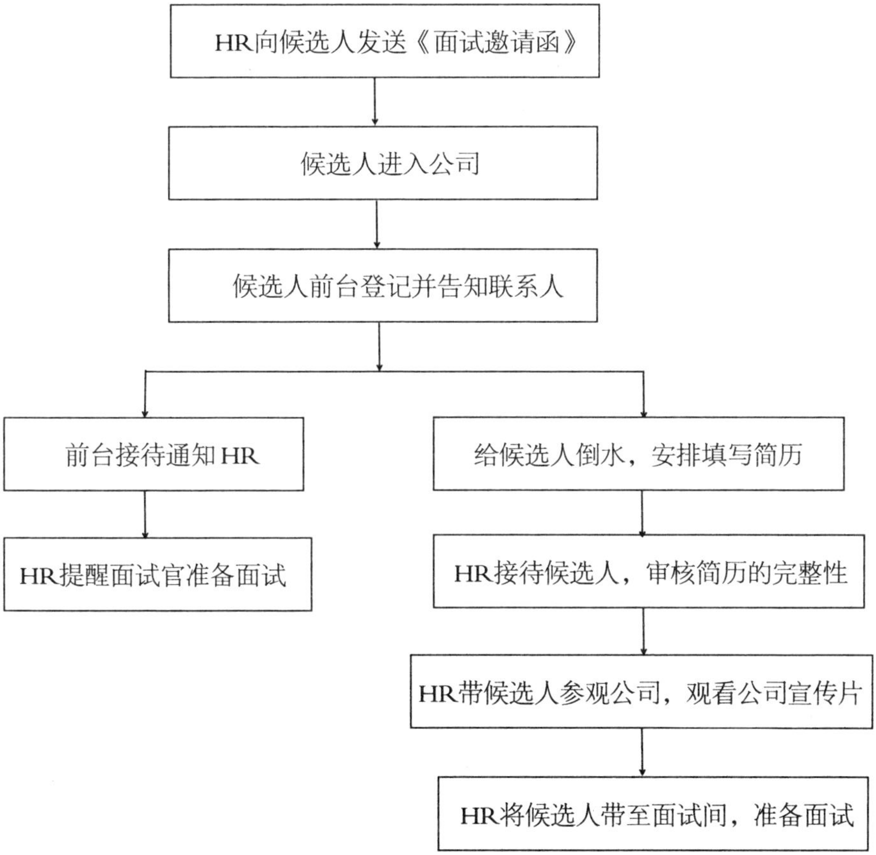

图 4-2　候选人接待流程参考

2. 环境及相关准备

需要做好细节准备，并不定期检查。

（1）前台干净、整洁、明亮。

（2）面试等待区域整齐摆放公司介绍、企业内刊等资料。

（3）提前预订面试间，保持面试间干净、整洁。

（4）登记表、空白简历表充足。

（5）精心设计公司参观路线，介绍内容统一，相关人员熟练掌握所介绍的内容。

（6）准备好播放宣传片的设备，准备好其他宣传资料。

（7）前台接待人员态度亲和，保持微笑和礼貌问询，及时联系相关人员。

（8）负责招聘的 HR 第一时间接待候选人。

（9）培训相关接待人员接待流程及标准，并做好考试。

第四节 面试管理

一、面试前做好充足准备

第一节中介绍了人员甄选的常用工具，笔试、评价中心技术、简历筛选与简历管理等。面试是在人员甄选过程中使用最广泛、最常见的方式。面试需要秉承以下三大原则。

第一，全方位考察，品德为先。选人、用人不论能力高低，一定是品德为先。蒙牛的用人原则被很多企业广为宣传和使用："德才兼备，优先使用；有德无才，培养使用；有才无德，限制使用；有才有德，破格重用；无德无才，坚决不用。"这里的"德"指的是品德和职业道德，也经常会反映在企业的价值观中，比如，诚信、敬业、激情、认真、创新、共赢等。

第二，合适即可，不要苛刻。面试候选人时，我们不是要选最优秀的，而是要选最合适的。不要过于苛责候选人不是名校毕业、候选人某方面能力不是最优、形象不是很满意等。没有人是完美的，要将合适的人放在最合适、最能发挥个人才干的地方（职位），这是选人用人最基本的原则。

第三，扬长避短，用人所长。选人是用人的开始，一只手伸出来，5 根手指也不一样长，每个人的能力不可能都是满分，但也不可能一无是处。"用人之长，天下无不可用之人；用人之短，则天下无可用之人"。面试中，面试官要善于发现、发掘候选人的长处和优势，量才适用。

如果我们能建立正确的人才甄选理念，使用科学有效的面试方法，就可以将面试的机会风险降至最低。面试前，我们要从以下几个方面做好充足的准备。

1. 设计好面试问题与评价依据

面试问题的设计是围绕招聘岗位的胜任力素质模型设计的，从岗位对核心能力的要求出发，设计对应的问题及评价标准。

第一步，确定面试评价的关键要素及权重。

第二步，根据任职资格，明确评价要素的定义。

第三步，根据评价要素，设计面试问题及评分要点。

第四步，根据面试要素、权重及定义说明，编制具体的评分表格。

案例

某企业招聘行政专员前，设计了面试评价的关键能力和权重要求，如下表。

评价要素	权重	要素定义	问题	评分要点	得分
语言表达能力	15%	一般定义：以言语的方式针对不同的听众采用不同的方式、风格，将自己的思想或观点明确表达出来，并试图让听众接受的过程。 一级：以自我为中心，谈话中缺乏对他人应有的尊重； 二级：懂得双向交流的重点，知道接受反馈； 三级：沟通中除了愿意接受对方的反馈，还会努力想办法说服对方听取自己的建议； 四级：通过有同理心的沟通技巧，最终达成双方的共识			
应变能力	15%	……			
计划与组织协调能力	15%	……			
人际交往能力	15%	……			
自我情绪控制能力	15%	……			

（续表）

评价要素	权重	要素定义	问题	评分要点	得分
综合分析能力	10%	……			
举止仪表	10%	……			
求职动机与岗位匹配性	5%	……			

以下为常用问题类型及示例。

（1）背景型题目：破冰寒暄，了解基础信息，便于后续话题导入。

“您住得远吗，过来方便吗？”

“请简单介绍一下您的工作简历和家庭情况。”

（2）意愿型题目：考察候选人求职动机、工作积极性等。

“为什么想应聘这个岗位？”

“您认为这个岗位需要哪些能力？（追问）最重要的三项能力是什么，您给自己打多少分，为什么？”

“您喜欢怎样的工作环境？”

（3）专业性题目：考察候选人对相关专业知识与理论掌握情况。

“您理解的这个岗位的核心考核指标是什么？”

“请用一句话总结：销售与市场有什么区别？”

“人力资源的模块是如何划分的？”

（4）情景型题目：考察应聘者的工作经验是否丰富，是否有分析问题、解决问题的能力以及是否有统筹能力。

“如果老板安排您负责推行一项新的考核制度，实施中发现遇到绝大多数同事的抵触与反对。您会怎么办？请列举解决思路和行动步骤。”

（5）压力型题目：考察候选人应变能力与抗压能力。

“如果我们公司最终没有录用你，您认为是什么原因？”

“您是应届毕业生，而我们这个岗位想招有工作经验的，您怎么看？”

“您的学历太高了，我担心您上岗后的稳定性。”

（6）智力型题目：通过候选人对事件的分析和判断，考察其综合分析能力。

“游客乘坐热气球观光时，热气球突发故障，只能承载2个人平安落地，但目前热气球上有4个人：大学教授、孕妇、普通职员、职员的儿子，您将如何抉择？请说明原因。”

“10个小孩在正常使用的铁轨上玩耍，1个小孩在旁边一条废弃的铁轨上玩耍，您手边就是扳道把手，一列火车驶来，你将如何抉择？请说明原因。”

（7）行为型题目：需要列举具体行为或行动步骤，考察候选人某项能力。

“请您举1个过去工作中的例子，证明您是如何搞定一个非常难缠的客户，并最终完成设定的销售目标。”

“请您举1个过去工作中的例子，说明在完成1项重要销售任务时，是怎样和他人进行有效合作的？（追问）现在看来，您对当时的表现如何评价？”

2. 选择合适的面试官

不论是一对一面试，还是集体面试，我们都要选择合适的面试官。选择面试官时要注意以下4点。

（1）面试官的职级要不低于招聘岗位的职级。一般来说，面试官的职级一般是需要上移的，如果岗位比较特殊，至少需要多个平级面试官进行面试评价，尽量避免由下级进行面试，这样很容易对候选人和员工心态造成负面影响。

（2）高层管理人员必须进行交叉面试。选拔合适的高管，需要由多专业背景、多部门的同级或上级进行评价，一般会选择与岗位有工作对接的上下游部门负责人。

（3）需要有专业面试官和人力资源面试官两种角色。只有人力资源面试官的评价，有可能产生用人部门不认可的情况；只由用人部门评价又会产生各种各样的问题。因此，既要有专业面试官评价候选人与岗位相关的专业能力，还要有人力资源面试官评价候选人的求职动机、综合能力等。

（4）处于试用期的人员不能作为面试官单独面试。如果所招聘岗位的上级刚刚入职公司，一般不可以安排其单独进行面试，即使其专业能力很强，但由于新入职，对于公司的制度、文化等不甚了解，无法准确甄别候选人文化匹配度或回答候选人提出的相关问题；另外，由于其自身还在试用期，存在不稳定性，有一定风险。如果情况特殊，必须由处于试用期的人员进行面试，可以安排 HR 或同职级成熟面试官进行协助，共同参与面试。

3. 面试官分工合作

一般招聘过程都会安排 2~3 轮面试，为了提高招聘效率，可以通过设置不同的评价重点和问题来区分面试重点。并通过面试评分表或评价表的书面评价，让后续流程的面试官看到前面的面试情况，避免重复问问题，影响面试效率，也影响候选人的面试感受。前面的环节中有考察不全面或存在疑虑的，也可以告知后续面试官继续深入挖掘和评估。

表 4-3 是依照冰山模型，对每轮面试的甄选重点进行区分，可以参考并结合公司实际情况修改使用。

表 4-3　每轮面试的甄选重点

考察点	初试（笔试）	复试	终试
知识	√	√	×
经验	√	√	×
核心能力	×	√	√
求职意愿、动机	×	√	√
个性	×	√	×
价值观	×	×	√

如果是集体面试，也可以将不同面试官的面试问题和考察重点做出区分，如表 4-4 所示。

表 4-4　不同面试官的面试问题和考察重点

考察点	HR	上级面试官	关联部门面试官
知识	×	√	√
经验	√	√	√
核心能力	×	√	√
求职意愿、动机	√	×	×
个性	√	√	×

（续表）

考察点	HR	上级面试官	关联部门面试官
价值观	√	×	×
发展潜力	√	√	×

二、面试中“火眼金睛”识别合适人才

准备许久，终于要进入最核心的面试环节了。即便学习了再多的面试识人的知识和技巧，也要通过不断实践，才能练就火眼金睛，真正识别出“千里马”。

按照设计好的面试流程，面试官通过提问和观察，对候选人与岗位的匹配度进行评估，要注意，面试的主动权要牢牢把握在面试官手中，面试官要始终围绕岗位胜任力进行提问、追问、反馈。

面试官在面试中要掌握的最核心的技巧，概括来说，就是提问技巧和倾听技巧。

1. 提问

面试开始前，我们按照岗位的素质模型事先设计好面试的问题和考察要点；在正式面试时，面试官可以按照预先设计好的问题进行提问。一般来说，5~7 个核心能力，每项核心能力最多问两个问题足矣，不需要把事先设计好的问题全部提问一遍。

在关键能力的考评中，如果候选人没有说明白，或者关键信息不清晰，面试官可以就一个点深入问下去。示例如下。

面试官：请您举一个过去 3 个月中发生的，能够体现您的团队协作能力的例子。

候选人：好的，不久前，我们研发了一款新的小程序，我作为研发团队的组长，需要对接前端产品设计和后端测试团队。前期和产品设计团队有很多设计细节上的沟通，后期开发完毕后与测试团队组长沟通协调问题，项目按期完成。（这样的回答很模糊，无法验证其团队协作能力）

面试官：那您和产品设计团队沟通中遇到的最难解决的一个问题是什么？最后是怎么解决的？（顺着对方的回答继续深挖细节，验证真实性和其能力）

候选人：当时……我讲明白了我们的难点，和对方协商，最后各退一步。（还是含糊，不能很好地证明团队协作能力）

面试官：当时是如何协商的，具体沟通了什么，可以说说吗？（进一步追问）

候选人：印象比较深的是，当时对方……我是……（具体信息，可以验证所讲案例的真伪）

面试官：那您处理团队间矛盾、摩擦的原则是什么？（深挖逻辑，引导对方思考，考察其处事原则和公司企业文化的匹配程度）

候选人：我觉得保障项目进度是第一位的，公司的利益是最重要的；第二，就是要双方坦诚沟通，互相理解对方的不容易；第三，平时要经常沟通，私下也要多沟通、定期组织合作团队进行团建，互相了解了，很多问题就可以更轻松地解决。

…………

还有一些常见的问题，也不能只停留在模糊的回答，可以继续追问，深挖细节。示例如下。

面试官：能接受出差吗？

候选人：可以。

面试官：那能接受出差的频率、单次出差时长是怎样的？（追问）

候选人：短期出差吧，每次三五天那种，频率一个月一两次可以接受。（可以判断其具体接受的情况，和岗位要求做对比。）

面试官需要追问的是候选人在面试中回答的重点信息、模糊信息、前后矛盾的内容、太空泛而无法评价的内容，面试官通过追问，以挖掘更详细的内容，进一步验证信息的准确性。有效的追问离不开面试中的认真倾听，考验的是面试官的专业能力和敏锐度。

2. 倾听

面试中，面试官要通过有效的提问，引导候选人多说，才能更全面地获取候选人的信息，做出准确评价。

有效的倾听不仅可以获取信息，还可以使候选人感受到被尊重、被重视，对公司产生良好的印象。

面试中的倾听，要注意以下几个方面。

（1）不要有先入为主的预设。面试官在倾听候选人回答时，不要有先入为主的判断。比如，之前聘用过的毕业生心态浮躁，在面试应届毕业生候选人时，就主观地觉得对方不稳定，具体内容也就不想听了；比如，有的面试官自己沟通能力是短板，见到自信的、讲话口若悬河、滔滔不绝的候选人，就觉得对方肯定很有经验，能够胜任岗位，也就不具体挖掘了。

（2）不仅要听内容，也要"听"情绪，"听"弦外之音。在面试沟通中，面试官也要注意通过候选人说的内容，来体察候选人背后的情绪，可能会有意想不到的收获。比如，候选人说起之前工作履历时这样表达："虽然我很感谢之前就职的公司给我的机会，但是公司一些领导过于保守，让我的一些很好的想法无法实施。"虽然表面上有感恩之心，但是他背后的情绪是"不满"，不满公司没有认同他的想法，把问题归咎于他人。此时，面试官要判断：是否此人遇到问题会向外找原因，不能很好地处理矛盾和问题？而这，可能是他身上的关键问题。

（3）听关键，挖问题。听哪些关键？就是追问中所说的重点信息、模糊信息、前后矛盾的信息、过于理论化和冠冕堂皇的信息。比如候选人表达的"可能……""大概是……""我估计……"这种含糊不清的内容，或者躲闪、飘忽的眼神，过于熟练和刻板的回答，对一些追问的迟疑，被打断后的紧张等等。通过收集这些信息，面试官要迅速做出思考和判断，可以将疑问记录下来，根据谈话的节奏，用提问、总结的方式继续挖掘和求证。

（4）及时纠偏，控制节奏。如果候选人开始长篇大论地谈与主题无关的事情时，面试官可以通过提出新问题或总结候选人所说内容进行有技巧的礼貌打断，比如"不好意思，我打断一下，您是否可以回答我一个问题……"，或者"刚才您说的……能否具体说明一下步骤？""打断一下，您刚刚说的内容，我是否可以理解为……您表达的是这个意思吗？"面试官要掌控沟通节奏，将面试拉回到预设的轨道上来，避免无效的沟通把面试变成漫无边际的聊天。

当我们获取了足够信息能够判定候选人与岗位是否匹配，面试也就告一段落了，最后可以留一点儿时间，回答候选人关心的问题，如岗位工作要求、薪资、福利、什么时候反馈面试结果等。“您还有什么问题要问吗？如果没有，我们今天的面试就先到这儿。”如果对一些敏感性问题无法当时做出回复，也要注意表达的技巧，切不可随意承诺。比如薪资的问题，可以这样回答“薪资的范围是我们招聘信息上的范围，因为我们有系统的任职资格体系，会通过对您个人能力的评价进行定级定薪，如果面试通过，我们会有专业岗位的同事和您联系，现在我无法给您明确的数字。可以向您介绍一下我们的薪资结构，包括基本工资、岗位补贴、工龄工资……”

切记，不要当场就给出录用与否的结论，对于候选人提出的问题要有技巧地回复，HR 也可以提前准备好应对常用问题的提纲，并在运用中不断优化。

三、面试后给予公正客观的评价

在一场面试结束后，下一场面试开始前，一定要做好面试的记录（如果当时无法做出决策，就要记录好面试中的关键信息）或面试评价（优劣势，岗位匹配程度，通过与否）。

按照初试、复试、终试等不同环节考察的要点，只要符合要求，就可以通过面试，可以先不考虑是否已有合适的候选人，因为即使是通过终试，也不代表一定可以入职。

如果对候选人的胜任力、长期发展性、稳定性有顾虑，可以围绕：“是否可以为公司的长期发展贡献价值？”“是否能为团队现有问题的突破和解决带来新的希望？”“如果他来短期工作几个月，是否可以？是否会对团队产生负面影响？”“可否有其他合作方式？比如兼职、顾问。”等方面进行多方位考量。

考虑能否通过面试的核心是候选人能否为公司和团队带来价值，不要因为“我们现在急需人手，能干活就来吧”“招了好久都没有特别合适的，这个试试吧”等理由来做录用决策，这样的话，很可能人来了，问题也随之而来了。

经验分享

如果多名面试官对面试结果有分歧怎么办？

如果有多名面试官，一定要定一个主面试官，由主面试官对面试结果负责。

如果大家对面试结果分歧较大，所有面试官可以一起对面试情况进行复盘，对照岗位胜任力要求逐一比对，意见分歧的双方根据各项关键能力的要求和候选人的表现阐述观点，客观评价候选人胜任情况，做出评价。最后由主面试官做出最终判定。

第五章 人员的录用与留存管理

第一节 录用手续办理

人员甄选的所有环节结束后，通过对比所有面试合格的候选人的情况，根据岗位招聘数量做出排序，从高到低确定录用名单。

一般会在最终面试后 1~3 个工作日给予拟录用人员口头通知，同时推进候选人背景调查及证件验证、最终录用决策、体检、录用公示、入职手续办理等工作。

一、背景调查及证件验证

面试结束后，不要立刻回复其他候选人未通过面试。在正式确定录用结果前，是对拟录用人员的证件、工作经历等信息进行核实的最佳时间。一方面，要对拟录用人员的学历背景、职称及资格证明等资料进行真伪验证，对拟录用人员面试中提供的公司、职位、工作经历等信息进行核实；另一方面，要对拟录用人员的职业道德、个性特点等进行验证。充分的背景调查可以有效避免上岗后候选人暴露出学历、经历造假等问题使公司和人力资源部陷入尴尬的局面。如果同时有二、三人条件均合适，可以同时进行背景调查，根据背景调查情况综合考量后，确定录用决策。

根据招聘岗位的重要程度，一般岗位可以只验证学历、资格证明的真伪，要求候选人提供学历学位证明的原件或学信网证明即可。重点岗位或特殊岗位，如管理类岗位、中高级专业岗位，需要重点进行背景调查。背景调查的流程如下。

1. 礼貌告知候选人，征得对方同意

如候选人仍在职且未申请离职，可根据候选人的意见开展背景调查，如果不方便对其在职的公司开展背景调查，可以先对其履历的其他内容进行调查，同时在后续入职通知中标注“因缺少 ××× 阶段背景调查，如后续背景调查中出现与面试反馈不符合的信息，此录用通知无效”等内容。

2. 明确背景调查的方式、对象及内容

（1）背景调查方式。背景调查方式分为明调、暗调、第三方调查等。明调，指的是向背景调查对象表明自身身份及调查目的、调查人员等信息；暗调，指的是通过非正式、非官方的渠道向和调查对象工作经历相关的人员调查了解信息；第三方调查，指的是委托第三方调查公司对候选人进行调查，同时可以要求调查公司对信息进行保密。

（2）背景调查对象。一般选择被调查人的上级、同级、下级、合作伙伴等进行背景调查。为了验证信息真伪，一份任职经历一般选择两三人通过明调、暗调相结合的方式进行调查。

（3）背景调查内容。背景调查内容可以参考表 5-1，结合被调查人的岗位、具体情况做调整。HR 要在调查开始前确定调查的内容，避免沟通中遗漏信息。如果拟录用的候选人工作履历比较丰富，可以按照由近及远的任职时间，对最近工作过的 2~3 家公司进行调查，另外，对候选人任职时间比较长的公司，要重点进行调查。

表 5-1　背景调查记录表

候选人姓名		应聘岗位		背景调查履历		提供背景调查联系人	
工作履历（一）							
公司名称	任职起始时间	任职岗位	汇报对象	管理人数	离职原因	主要工作内容	
调查人 1							
姓名		岗位		联系方式		提供信息	候选人 /HR 获取
公司名称		管理人数		职位		就职时间	
薪资情况		离职原因		是否有劳动争议		是否有违纪违规行为	
团队协作方面		专业能力		职业素养		成长性方面	
优点				缺点和不足			

（续表）

如有机会是否愿意共事	□是　□否	原因		其他评价			
调查人 2							
姓名		岗位		联系方式		提供信息	候选人提供 / HR 获取
公司名称		管理人数		职位		就职时间	
薪资情况		离职原因		是否有劳动争议		是否有违纪违规行为	
团队协作方面		专业能力		职业素养		成长性方面	
优点				缺点和不足			
如有机会是否愿意共事	□是　□否	原因		其他评价			
……							

3. 进行背景调查，记录信息，与候选人所说的情况进行比对
4. 整理背景调查报告，提交上级或面试小组
5. 根据背景调查及面试情况，确定是否录用

二、录用决策

面试小组或面试官需要根据候选人在面试过程的整体表现和背景调查情况确定是否录用，按照企业招聘管理制度进行入职前的审批。

录用决策最重要的内容是定岗、定级、定薪。

一般来说，无特殊情况，入职的岗位即招聘的岗位。如果在面试中发现候选人更加合适另一个岗位，或进行同岗位上下职级浮动，则需要及时和候选人沟通，达成共识后，按调整后的岗位确定下一个面试环节和录用岗位。比如，企业原计划招销售总监，后发现候选人能力不达标，但可以胜任销售经理岗位，则可以与候选人沟通，将其岗位改为销售经理。

定级需要根据候选人的能力，对标岗位任职资格体系进行确定。

定薪是根据岗位定级确定薪资范围，结合候选人目前的薪酬情况、期望薪酬水平、市场上该岗位薪酬水平、岗位稀缺性及招聘紧急度进行综合评定，并按照企业制度逐层审批。在定薪时，可以确定高、低两个档次的薪酬，HR 可以先从低档次薪酬与候选人进行薪酬谈判，如果候选人不接受，可以以高档位进行二次沟通，这样可以较好地控制企业的人工成本。

三、入职前体检

很多企业会要求候选人入职前进行体检，以确定候选人的身体健康情况可以胜任岗位工作。同时，也为全体员工营造一个健康、安全的环

境，降低企业用工的健康风险。

入职体检项目根据岗位要求确定，集中招聘或长期招聘可以确定合作医院和体检项目，从企业成本考虑，一般体检费用由员工个人垫付，半年或一段时间后企业可给予报销。

四、录用结果公示

根据企业或上级单位要求，需要及时对招聘结果进行公示（公示样表见表 5–2），以保障招聘过程的公平、公正、公开。

一般公示渠道有线上（招聘网站、企业官网等）、线下（企业内外部宣传栏）两种，公示时标明意见反馈及投诉或建议渠道。

公示内容可以是所有面试者的情况，也可以只公示拟录用人员情况。

表 5–2　招聘结果公示样表

序号	岗位	姓名	综合得分	是否录用
1	招聘专员	张 ××	90	是
2	运营专员	李 ××	87	是
……	……	……	……	……
……	……	……	……	……
说明	以上招聘过程公平、公正、公开。如对公示人员或招聘过程有异议，请于 ×××× 年 × 月 × 日前向 ×××× 反映。 联系方式：×××××××××× 邮箱：×××××××			

五、发放《录用通知》

公示期结束后，向拟录用人员发放《录用通知》，明确入职相关事项。录用通知示例如图 5–1 所示。

录用通知

________先生 / 女士：

您好！高兴地通知您，您已通过我公司________岗位的面试，现将相关事项说明如下。

一、岗位信息

部门：________ 岗位：______________工作地点：______________

试用期：____________（______ 年 _____ 月 _____ 日至 _______ 年 _____ 月 ______ 日）

二、定级定薪

您的职级为：

试用期工资为：__________（税前）元 / 月 + 餐补__________ 元 / 日 + 交通补助 _________ 元 / 日 + 话费补助 _________ 元 / 日

转正工资为：________（税前）元 / 月+餐补 ________ 元 / 日 +交通补助 ________ 元 / 日 + 话费补助 ________ 元 / 日

三、入职须携带资料

入职时间：_____年 _____ 月 _____ 日 09：00

入职地点：

携带资料：1 寸蓝底照片 2 张、身份证原件及复印件 1 张、学历证明原件及复印件 1 份、资格证书原件及复印件 1 份、原单位离职证明 / 解除劳动关系证明 1 份、体检合格报告。

四、说明

1. 此录用通知内容保密，不得泄露给第三方。

2. 若您对此通知无异议，请于 2 个工作日内邮箱回复“同意”，并按时报道。

3. 若未按照规定时间报道或者入职资料携带不齐全，此《录用通知》无效。

联系人：　　　　　　联系电话：　　　　　　邮箱：

欢迎您的加入！

××× 公司人力资源部

××× 年 × 月 × 日

图 5–1　录用通知示例

六、办理入职手续

由HR或指定的人员，如人事专员，在新员工入职前做好相关准备，并在新员工入职当日负责接待和办理入职手续，并填写新员工入职手续办理表，样表见表5-3。入职手续办理主要有以下环节。

1. 个人资料查验、整理归档

按照《录用通知》的相关要求，HR需要逐项查验新入职人员资料的真伪，按照企业要求对复印件进行整理和存档。

2. 建立新员工个人档案

指导新入职人员填写档案表，审核完整性和准确性，并录入企业人事管理系统。向员工简要说明上岗注意事项，如工作时间、考勤管理、住宿及就餐、疑问处理流程等。按照企业要求，签订《劳动合同》。

3. 对接岗位负责人

发放《员工手册》，便于员工掌握企业的相关制度，将新入职人员妥善交接至用人部门，向用人部门负责人及员工、新员工进行介绍，妥善安排工位，确定引带人后，完成入职手续办理。

为了规范新员工入职手续办理，可以将详细的事项列为工作清单，完成后相关责任人逐项签字确认，这样，即使是不同人办理，也不会出现遗漏和问题。

表 5-3　新员工入职手续办理表（样表）

<table>
<tr><td>公司</td><td></td><td>部门</td><td></td><td>岗位</td><td></td><td>姓名</td><td></td><td>入职时间</td><td></td></tr>
<tr><td colspan="10">入职前准备</td></tr>
<tr><td>序号</td><td colspan="6">内容</td><td>责任人</td><td>办理人签字</td><td>备注</td></tr>
<tr><td>1</td><td colspan="6">完成入职审批</td><td>招聘专员</td><td></td><td></td></tr>
<tr><td>2</td><td colspan="6">确定上岗时间，告知用人部门</td><td>招聘专员</td><td></td><td></td></tr>
<tr><td>3</td><td colspan="6">安排工位、申请办公电脑及其他设备</td><td>招聘专员</td><td></td><td></td></tr>
<tr><td>4</td><td colspan="6">办理门禁卡、餐卡等</td><td>行政专员</td><td></td><td></td></tr>
<tr><td colspan="10">入职手续办理</td></tr>
<tr><td>序号</td><td colspan="6">内容</td><td>责任人</td><td>办理人签字</td><td>备注</td></tr>
<tr><td rowspan="6">1</td><td rowspan="6">个人入职资料</td><td colspan="5">身份证（查验原件、留存复印件 1 份）</td><td rowspan="6">人事专员</td><td rowspan="6"></td><td rowspan="6"></td></tr>
<tr><td colspan="5">学历证（查验原件、留存复印件 1 份）</td></tr>
<tr><td colspan="5">学位证（查验原件、留存复印件 1 份）</td></tr>
<tr><td colspan="5">职称、职业资格证明（查验原件、留存复印件 1 份）
1.________________
2.________________
3.________________</td></tr>
<tr><td colspan="5">离职证明原件</td></tr>
<tr><td colspan="5">1 寸照片 2 张</td></tr>
</table>

（续表）

2	阅读《新员工培训通知》并签字	人事专员		
3	签订《劳动合同》	人事专员		
4	发放《员工手册》	人事专员		
5	录入考勤打卡信息	人事专员		
6	告知办理工资卡事项	人事专员		
7	发放新员工大礼包（工牌、办公用品、餐卡、门禁卡）	行政专员		
8	宿舍安排	行政专员		
部门报道				
序号	**内容**	**责任人**	**办理人签字**	**备注**
1	招聘专员引带新员工至相关部门，引荐至新员工直接上级	招聘专员		
2	安排座位，向团队介绍新同事；新员工进行简要自我介绍，团队欢迎	部门上级		
3	新员工直接上级与新员工进行面谈： ①介绍公司、部门基本情况及主要职能； ②明确岗位要求，表达对新员工的期许； ③简要说明工作要求及注意事项，安排入职培训和工作	部门上级		
4	开通工作账号、邮箱、流程权限等	信息管理员		

第二节 新员工培训与融入

良好的入职体验可以帮助新员工缓解紧张情绪，更好地融入团队，越来越多的企业开始重视打造新员工的“入职关怀”环节。比如专职接待、企业深度参观、发放“新员工大礼包”（工牌、门禁卡、餐卡、办公用品、员工手册、企业周边小礼品等），对接用人部门提前安排欢迎仪式，设置“入职导师”或“引带人”，持续帮助新员工融入团队、企业。

一、新员工入职培训

如果能集中统一安排入职，在新员工入职第一天安排入职培训最佳。如果入职时间、招聘的岗位比较分散，可以在入职 1 个月内，统一安排新员工进行入职培训。

科学、高效的新员工入职培训可以帮助新员工了解企业的情况，明确工作目标，掌握岗位所需的制度、知识、技能等。

新员工入职培训的设计要考虑以下 3 个方面。

（1）从企业的角度出发，让新员工认同企业的使命、愿景、价值观，愿意留下来。

（2）从用人部门角度出发，帮助新员工掌握岗位所需知识、技能、工具、制度规范，尽快适应环境、融入团队、开展工作。

（3）从新员工角度出发，缓解焦虑，了解企业和相关岗位要求，为尽快适应岗位工作奠定良好基础。

新员工培训的时间要根据整体培训安排确定，要综合考虑企业需要投入的培训成本和管理成本。一般来说，通用培训课程时间为2~3天，如果加入军训、团队建设、岗位实操训练等内容，整体新员工入职安排、培训一般不超过1个月。

案例

××公司2023年校招新员工培训课程安排

我公司2023年制定的战略目标中包括每年进行一批集中的校招，吸引高素质、高水平的毕业生加入公司，从而不断培养、选拔优秀的人员输送至管理岗位、各专业岗位，形成源源不断的人才蓄水池。

为了对校招的优秀毕业生进行系统的培养，帮助他们尽快完成从学生到职场人的转型，尽快成为高素质、高文化认同的优秀员工，人力资源部针对校招新员工设计了一套完整的培训计划，见下表。

××公司2023年校招新员工培训计划

日期	时间	内容	形式	负责人／讲师
第一天	09:00—09:40	统一收集资料，办理入职手续	办理手续	人事专员
	09:50—10:30	观看公司宣传片、视频合集	视频	培训专员
	10:45—12:00	参观公司	参观	招聘专员
	12:00—13:00	午餐	小组就餐	培训专员
	13:00—14:00	午休	休息	培训专员
	14:00—15:30	公司发展史及公司介绍	授课	培训讲师
	15:45—17:00	常用制度（人力资源管理制度、行政管理制度、信息管理制度、财务管理制度等）	授课	培训讲师
	17:15—18:00	行业基础知识	授课	业务培训讲师
第二天	09:00—10:40	事业部及主营业务介绍	授课	业务培训讲师
	10:50—12:00	企业文化（一）——使命、愿景	授课	培训讲师
	12:00—14:00	午餐、午休	小组就餐、休息	培训专员
	14:00—16:00	产品知识（一）	授课	业务培训讲师
	16:15—18:00	员工日常行为规范	授课	培训专员
第三天	09:00—12:00	产品知识（二）	授课	业务培训讲师
	12:00—14:00	午餐、午休	小组就餐、休息	培训专员
	14:00—15:50	企业文化（二）——价值观与践行	授课	培训专员
	16:00—18:00	业务工作流程（一）	授课	业务培训讲师

（续表）

日期	时间	内容	形式	负责人 / 讲师
第四天	09:00—10:40	产品知识（三）	授课	业务培训讲师
	10:50—12:00	营销理论知识（一）	授课	业务培训讲师
	12:00—14:00	午餐、午休	小组就餐、休息	培训专员
	14:00—15:30	营销理论知识（二）	授课	业务培训讲师
	15:45—17:00	常用制度（销售管理制度）	授课	业务培训讲师
	17:15—18:00	业务工作流程（二）	授课	业务培训讲师
第五天	09:00—12:00	岗位业务实操训练（一）	实操训练	业务培训讲师
	12:00—14:00	午餐、午休	小组就餐、休息	培训专员
	14:00—15:30	高管面对面	座谈会	人力资源经理
	15:40—17:00	行业知识、业务知识复习	小组学习	培训专员
	17:15—18:00	周考核（公司基本情况、行业知识、公司制度等）	闭卷考核	培训专员

（续表）

日期	时间	内容	形式	负责人 / 讲师
第六天	09:00—09:20	上周总结及本周学习目标	集体会议	培训专员
	09:30—12:00	销售技巧（一）	授课	业务培训讲师
	12:00—14:00	午餐、午休	小组就餐、休息	培训专员
	14:00—15:30	从学生到职场人的转变	授课	培训专员
	15:45—18:00	岗位业务实操训练（二）	实操训练	业务培训讲师
第七天	09:00—12:00	销售技巧（二）	实操训练	业务培训讲师
	12:00—14:00	午餐、午休	小组就餐、休息	培训专员
	14:00—15:30	岗位业务实操训练（三）	实操训练	业务培训讲师
	15:45—17:00	新老员工交流会	座谈交流	培训专员
	17:15—18:00	公司研发基地参观	参观	招聘专员
第八天	09:00—10:40	常见问题及处理办法	实操训练	业务培训讲师
	10:50—12:00	销售技巧（三）	实操训练	业务培训讲师
	12:00—14:00	午餐、午休	小组就餐、休息	培训专员
	14:00—15:30	企业文化（三）——人才理念与个人职业规划	授课	培训专员
	15:45—18:00	专业考核（岗位应知应会知识、制度等）	实操训练	业务培训讲师

（续表）

日期	时间	内容	形式	负责人 / 讲师
第九天	09:00—12:00	岗位业务实操训练（四）	实操训练	业务培训讲师
	12:00—14:00	午餐、午休	小组就餐、休息	培训专员
	14:00—15:30	销售技巧（四）	实操训练	业务培训讲师
	15:45—17:00	如何应对被拒绝（积极心态）	授课	培训专员
	17:15—18:00	小组学习交流，总结学习收获	小组交流	培训专员
第十天	09:00—10:40	开始新征程主题培训	授课 + 交流	培训专员
	10:50—12:00	结训考核（总考核）	闭卷考试	培训专员
	12:00—14:00	午餐、午休	小组就餐、休息	培训专员
	14:00—15:30	学习总结，小组交流	集体会议	培训专员
	15:45—17:00	毕业仪式	集体会议	培训专员、 业务培训讲师
	17:15—18:00	送上岗位，融入团队	集体会议	培训专员、业务负责人

> 通过这两周系统的“学、思、练”培养，这一批新员工 95% 以上通过了培训考核并走上了工作岗位。三个月后均顺利转正。相较之前校招学生入职培训后 70% 的留存率，有了很大的提高。

二、团队融入

不论是职场经验丰富的“社会人”，还是刚刚走出大学校门的职场新人，作为一名新员工，在开始一份新的工作、进入新的企业时，都会有或多或少的不安和忐忑。如果我们能够帮助新员工尽快熟悉环境，适应团队氛围，就可以使新员工平稳落地，快速适应和产出。

帮助新员工融入团队，需要多个部门共同努力。

首先是人力资源部。招聘专员做好新人到岗的接待和送上岗工作，培训专员负责组织新员工参加入职培训，将新员工妥善交接至用人部门。

其次是用人部门及团队。负责新员工上岗后的团队融入、工作安排、答疑解惑等。新员工的直接上级要定期与新员工进行正式、非正式的沟通，明确新员工的工作目标，关注新员工工作表现和团队融入情况，及时帮助新员工解决工作、生活中遇到的问题，帮助新员工尽快融入；要提前安排团队中的老员工作为“导师”或“师傅”，在日常工作引带和帮助新员工；要在团队中营造良好的工作气氛，欢迎新员工的加入，积极帮助新员工成长。

然后是 HRBP。越来越多的企业开始设置 HRBP（Human Resources Business Partner 的英文简写，即人力资源业务合作伙伴）岗位，作为独立的团队，HRBP 是企业和员工的桥梁。HRBP 可以定期关注新员工工作任务的完成情况，了解新员工在生活和工作中遇到的问题，定期沟通，给予新员工正向的引导和关怀，帮助新员工尽快融入企业文化，完成工作任务。

第三节　新员工试用期管理

一、设定工作目标，跟进人员情况

新员工上岗后，用人部门在表示欢迎的同时，要第一时间给新员工制定工作目标并达成共识。可以让新员工从了解岗位工作内容开始，着手操作一些基础工作，解决一些力所能及的问题。要注意，给新员工制定的工作目标不要周期太长，比如在刚入职的一周，可以每天定当天的工作目标，任务不要过易或过难，最好是让新员工“跳一跳就能够得到”。

千万不要让新员工无所事事，这样不仅无法评估新员工的专业水平和能力，还很容易滋生一些负面影响，造成人员流失。

在新员工上岗后，上级还要尽快和新员工制定试用期工作目标和转正要求，做好试用期内工作的跟进，每月进行总结和复盘，帮助新员工对自己的工作表现有清晰的认知。客观、公正的试用期评估也为企业汰换不合格候选人规避了劳动风险。试用期工作评估表样表见表 5-4。

表 5-4　试用期工作评估表（第____月）（样表）

部门		岗位		姓名		入职时间	
工作目标评价							
序号	工作目标		评分标准		权重	完成情况	
1							
2							
3							
4							
5							
6							
合计					100%		
企业文化评价							
序号	价值观		评分标准		权重	评价	
1							
2							
3							
4							
5							
合计					100%		
本人自评	优势： 挑战： 下一步计划：						
上级评级	优势： 挑战： 下一步期许：						
说明	工作得分和企业文化评分均≥ 80 分为合格。试用期内，出现 1 次不合格要给予重点关注；2 次不合格，延长 1 个月试用期；3 次不合格，视为不符合岗位要求，解除劳动合同						

二、及时汰换和补充

试用期内，仍是双向选择的过程，既有可能企业觉得新员工的表现不像面试时表现出的那么合适，也有可能新员工觉得企业的实际情况和自己预想的不一样，最后一拍两散。

因此，新员工上岗后，并不意味着招聘工作就结束了。人力资源部要通过用人部门、HRBP，甚至是新员工本人，及时了解人岗匹配情况，如果出现新员工离职的风险，人力资源部需要及时做好人员的汰换和补充。比如，即使新员工上岗后，人力资源部也要持续积累简历，并和其他合适的候选人保持联系，另外，还要帮助新员工解决问题和答疑解惑，等等。

第六章 招聘效果评估

第一节 招聘工作评估及流程优化

我们要用以终为始的思维，定期或在重点招聘项目结束后，对整个招聘过程进行复盘和总结，根据相关数据，分析、总结各个招聘环节的经验和不足，形成或优化招聘工作流程，持续提升招聘质量。

一、招聘目标完成情况的评估

招聘工作完成后，人力资源部可以从招聘数量、招聘时间和招聘质量 3 个维度进行招聘结果的评估。

1. 招聘数量

招聘数量是评价招聘工作完成情况最直观的数据。如果是持续招聘的岗位，比如销售岗，可以每月跟进招聘完成率：

当月招聘完成率 = 当月入职人数 / 当月招聘目标人数 ×100%

2. 招聘时间

如果是零散招聘的岗位，可以通过核算招聘周期进行评估：从招聘需求审批完成之日开始，至候选人上岗之日，计算自然日。根据岗位的招聘周期，对比招聘目标进行评估。

比如，根据企业此前的历史数据，高管职位的招聘周期为 3 个月，计 90 天。而人力资源部从当年 5 月起招聘市场总监，当年 9 月 1 日市场总监上岗，比高管职位的正常招聘周期延长了 1 个月，即超期（120−90）/ 90 × 100%=33%。

3. 招聘质量

招聘质量可以通过岗位的留存时间进行评估，比如可以计算新员工一周的留存率、1 个月的留存率、转正率等，评估招聘的质量。比如，A 招聘了 10 名销售人员，一个月后，还有 2 人在岗，留存率为 20%；B 招聘了 6 名销售人员，一个月后还有 4 名在岗，留存率为 67%。虽然 B 没有 A 的招聘数量多，但是 B 招到的人稳定性更强，岗位的匹配度更高，招聘质量也更好。

招聘质量还可以通过新员工上岗后的工作表现、可量化的工作业绩、对比新老员工完成情况等进行评估，此外，其他岗位的招聘质量可以通过新员工定性的工作表现进行评价。

二、招聘过程的评估

对招聘目标的完成情况进行评估后，我们需要复盘整个招聘过程哪里做得好，哪里做得不尽完美，后续如何进行优化和改善。我们可以从以下几个方面进行分析。

1. 招聘工具和甄选工具

对标第二章中的招聘工具和第四章中人员甄选工具的相关内容，复盘招聘环节是否按要求做到位了，是否有可以改善和优化的地方。比如，不同岗位的招聘广告中使用相同的企业介绍，该企业介绍对中高端岗位的吸引力很高，候选人普遍反馈企业实力很强，但是对于毕业生和初涉职场的候选人来说，吸引力不足，同比同行业、规模相近的企业，校招时简历投递量偏低。在复盘时，针对此问题，人力资源部针对校招的招聘宣传进行了调整，用学生更喜欢的图文方式，用更鲜艳、明亮的配色进行设计，吸引学生对企业的关注。比如，企业在学校招聘市场人员时，设计了“笔试 + 初试 + 复试”的甄选方式。笔试主要是通过素质测试考查学生的综合能力。但是在面试过程中，面试官发现，60% 以上的面试人员的求职意向为专业岗位、职能岗位、管理岗位，对市场、营销方向的岗位意向度不高。分析原因时发现，笔试选择的题目偏综合类，对市场、营销等专业知识考察较少，因此，高分人群多为管理类学科的毕业生。之后，人力资源部对甄选方式进行调整，取消了笔试环节，并在校招宣讲中侧重对市场及营销方面的毕业生的引导。

2. 候选人感受

对于面试过程的评估，我们不能闭门造车，而是要多方调研，听取招聘过程的“用户”，也就是候选人的感受。

人力资源部可以每月面向当月面试人员（成功入职的候选人、未成功入职的候选人等），通过电话沟通或问卷的方式进行调研，调研在应聘过程中，对方与招聘专员电话沟通的感受、面试的体验以及对企业的印象等。真正从“用户”的体验出发，对招聘工作进行审视和复盘，避免因“当局者迷”而导致看不到问题。常用参考问题如下。

· HR 和您在电话沟通、微信沟通时，向您介绍公司和岗位情况内容是否清晰、全面？态度如何？

· 您来公司面试时，前台接待人员的服务如何？您认为还有哪些方面可以改善？

· 等待面试时，您觉得环境是否舒适？哪些方面还可以改善？

· 您来公司面试时，您觉得 HR 的职业性、专业度如何？哪些方面需要改善？

· 您对我们的面试官评价如何？（专业性、面试的态度、言行举止等方面）

· 您对公司的整体感受如何？

· 如果您不能加入公司，您是否会推荐合适的朋友参加面试？

· 您对我们的工作还有哪些建议？

3. 面试官评价

一方面，是 HR 和候选人对面试官的言行举止、面试技巧、面试质量进行评价，如果发现个别面试官有问题，要及时纠正、辅导，以确认其能胜任面试官这一角色；如果是共性问题，需要优化面试官培训和考核的内容，并跟进改善情况。

另一方面，面试官也要对候选人质量、招聘流程及甄选机制设计等方面进行评价。面试官作为面试流程的参与者，以及用人的决策者，可以针对参与人员甄选过程中的个人体验，提出改善建议，提高人员甄选工作质量和效率。

4. 招聘数据漏斗分析方法

招聘数据漏斗分析方法源于销售漏斗——通过记录客户资源、寻找潜在客户、发展为意向客户、成交客户、续费客户等各个环节的数据，直观地看到各个环节的转化率，同时也能对比、分析各个环节的数据，找到各环节可能存在的问题，改善工作方法，提高成功率。招聘数据漏斗分析方法也是同理，如图 6–1。

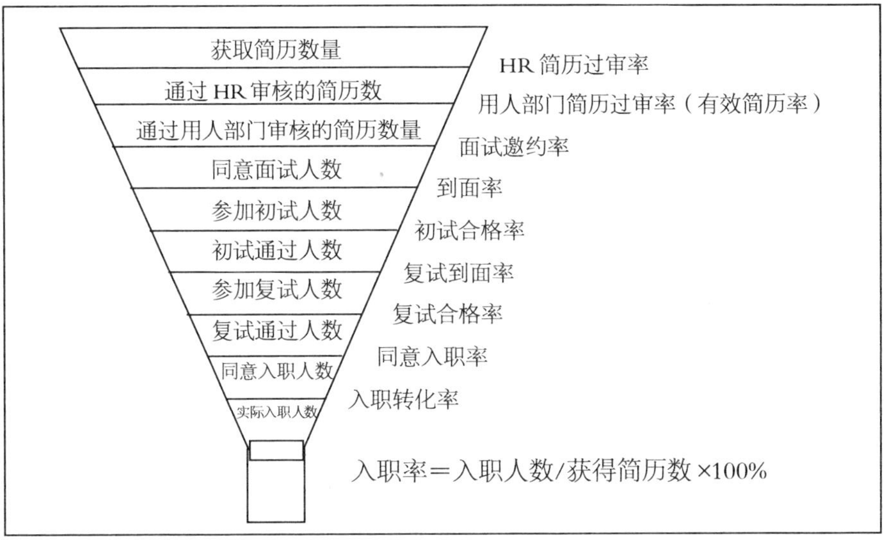

图 6–1　招聘数据漏斗分析方法

招聘数据漏斗分析方法可以有以下多种应用，通过对不同数据进行对比和分析，找出差距和问题，寻求提升和改善。

（1）通过对某岗位的数据，比如年度数据、季度数据、月度数据、周数据、日数据分析其趋势和变化。比如本月的转化率较上年度平均值是偏高还是偏低，可能存在的问题是什么。

（2）对招聘岗位、招聘职族积累的数据进行分析，比如，销售人员的入职转化率为何低于专业职族。

（3）按招聘渠道分析数据，分析不同渠道的招聘效果和人员质量。

（4）按照主动投递以及搜索获得的简历进行分类，对比不同简历来源的转化率，分析应聘者心态，找到针对性解决措施。

（5）可以对某一个招聘专员和某个招聘团队的数据进行对比，分析差异，找到可学习和借鉴之处并加以改善。

（6）可以对不同子公司、不同地区之间的数据进行对比，分析差异。

…………

日常统计、积累数据的目的在于通过分析数据发现问题，进而分析和解决问题。通过分析数据，我们可以找到不同人、不同岗位、不同时间、不同渠道在招聘过程中可以改善和提升的问题，分析哪里做得好、哪里做得不好，从而对招聘工作的环节和细节进行优化，提升招聘质量，这才是招聘数据的价值所在。

5. 招聘成本分析

招聘成本的核算一般以较长的周期为单位，一般每年会进行当年招聘成本的核算，制定次年招聘费用的预算。通过核算招聘成本，可以清晰地了解企业的招聘投入和收益，有利于优化招聘费用的投入。

招聘成本分析一般从以下几个方面进行。

（1）年度总体招聘支出。

年度总体招聘支出 = 招聘渠道费用 + 猎头费用 + 招聘物料制作费用 + 校招费用 + 面试交通费 + 招聘专员人工成本 + 其他招聘费用

说明：以上费用仅核算显性成本，隐性成本（如面试官的时间成本、不合适人员的管理成本等）难以量化。

（2）人均招聘成本。

人均招聘成本 = 年度招聘支出 / 年度总入职人数

（3）相关渠道的投入产出比。

某渠道年度投产比 = 年度渠道费用 / 年度该渠道入职人数

（4）各单位 / 岗位的招聘成本投入。将渠道投入、招聘人员的人工成本、差旅费等费用按照具体招聘岗位进行拆分。

例如，技术人才的招聘主要依靠 A 网站和小张、小刘两人，销售人员招聘主要依靠 B 网站和刘主管团队中的 5 名招聘专员。技术人才的招聘成本为 A 网站年度投入费用和小张、小刘的人工成本；销售人员的招聘成本为 B 网站的年度投入费用及刘主管团队 6 人的人工成本。

如果可以将招聘成本按岗位做划分，即岗位的招聘成本 / 入职人数，可以核算该岗位的人均招聘成本。同时，还可以用招聘渠道和岗位两个因素做交叉分析，核算不同招聘渠道在不同岗位招聘中的有效性。

三、招聘工作的优化

通过对整个招聘过程和招聘结果的定量、定性分析，对招聘工作的细节进行优化，精益求精，提升招聘质量。

一方面进行定量分析，通过对各个环节的转化率、招聘成本的投入等数据进行分析，对各个环节存在的问题进行地毯式梳理，找到可优化的细节，降低各环节人员的折损；另一方面进行定性分析，如通过调研候选人的面试感受、听取面试官的建议等方式获取信息，不断提升、改善招聘团队的专业技能，优化面试官的培养考评体系，完善面试题库的建设，对招聘流程进行优化，等等。

第二节 撰写招聘分析报告

定期撰写招聘分析报告，不仅可以让上级清楚地了解招聘工作的进展和存在的问题，也可以让上级看到我们的成长，并为提升招聘效果提供更有效的资源和支持，还可以帮助我们定期对自己的工作进行总结和复盘，建立系统思维、问题思维。

案例

××集团年度招聘分析报告

一、概述

年度总体招聘投入、招聘人数、招聘规范建设情况等。

二、招聘团队及分工

岗位、人数、主要招聘职责等。

序号	部门	岗位	人数	主要招聘职责
1	招聘中心	招聘经理	1	制定招聘规划、组建招聘团队、解决招聘问题
2		招聘经理	1	负责招聘渠道管理、招聘费用管理等
3		招聘主管	1	负责招聘数据的统计与分析，跟进、协调解决问题
4	销售招聘部	招聘主管	1	负责集团及子公司销售招聘团队的管理
5		招聘专员	10	负责集团及子公司销售岗位招聘
6	专业岗招聘部	招聘主管	1	负责集团及子公司专业岗位招聘团队管理
7		招聘专员	5	负责集团及子公司专业岗位招聘
8	校招部	招聘主管	1	负责校招项目的设计、实施、管理
9	猎聘部	招聘主管	1	负责高端岗位的招聘、外部猎头合作管理
10		招聘专员	2	负责协助上级进行高端岗位招聘

三、集团年度招聘完成情况

1. 年度总体招聘完成率及分析

序号	部门	岗位	计划人数	入职人数	完成率	原因分析	备注
1							
2							
3							
4							
5							
6							
7							
		合计					

2. 各部门、各子公司招聘完成率及分析

……

3. 各环节招聘转化率及分析

（1）重点岗位转化率问题分析及改善计划

岗位	下载简历量	电话接通	环节转化率	答应面试数	面试到场	环节转化率	初试通过	环节转化率	复试到场	环节转化率	复试通过	环节转化率	入职	环节转化率	通过培训	环节转化率	总招聘转化率
销售	1526	1425	93.38%	1315	1298	98.71%	1142	87.98%	1054	92.29%	895	84.91%	723	80.78%	680	94.05%	44.56%
市场专员	1021	1002	98.14%	876	850	97.03%	758	89.18%	726	95.78%	654	90.08%	587	89.76%	521	88.76%	51.03%
客服专员	1246	1154	92.62%	1042	964	92.51%	844	87.55%	758	89.81%	648	85.49%	631	97.38%	587	93.03%	47.11%
合计	3793	3581	94.41%	3233	3112	96.26%	2744	88.17%	2538	92.49%	2197	86.56%	1941	88.35%	1788	92.12%	47.14%

情况分析：

……

（2）总体转化率分析及改善计划

……

四、招聘渠道分析

1. 各渠道年度整体投入

渠道	年度总体投入	年度入职人数	渠道招聘成本
×××			
×××			

2. 销售岗位主要渠道投产比

……

3. 专业岗位主要渠道投产比

……

五、招聘预算使用情况

1. 预算使用情况

渠道	年度总体预算	年度实际支出	预算完成率	差异分析

2. 预算改善建议

……

3. 次年招聘预算

……

六、主要问题及改善计划

……

七、招聘制度流程建设情况

1. 新增制度、流程

新增招聘相关制度 ×× 个，完善招聘流程 ×××，分别是……

2. 优化制度、流程

围绕 ××× 等问题，对《×× 制度》《×× 流程》进行优化，优化 ×× 处，主要是……

下篇

培训管理

当今社会竞争激烈，企业要想实现长远发展，就要不断提升企业的凝聚力、吸引力、向心力和战斗力，开发人力资源的潜力，激发员工的内驱力。培训，既是人力资源开发培养的主要手段，也是企业发展的重要促进工作。

员工通过培训适应现代企业对人力资源的要求，通过提升知识、技能、素质等来满足工作岗位的需求，满足自身成长的需求。企业通过组织培训，顺应时代变革，适应经济发展，增强员工的胜任力，为企业培养复合型人才，提高企业的战斗力。

第七章 员工培训管理

第一节 员工培训基础知识

一、培训的基本概念

培训是人力资源管理的重要职能。培训是指组织为开展业务对人才培训的需要，通过某种方式有目的、有计划、有针对性地对员工进行培养和训练，以达到提高组织效率，实现组织目标开展的一系列管理活动。

二、培训的原则

根据培训原则建立员工培训体系，既可以保障培训方向的准确性，又可以精准找到培训目标开展工作，提高全员整体素质和能力，营造浓厚的学习气氛，发挥员工的创造性思维，建立学习型组织、发展型团体、创造型企业，是企业核心竞争力的有力保障。员工培训体系设计应遵循以下原则。

1. 战略性原则

战略性原则是组织发展必须遵循的准则。培训要服务于组织的战略，保存组织长期发展的实力，兼顾组织目标及长远规划，形成持续运转的体系和制度。简单来说，就是要集中重点培训资源，发展企业优先事业，持久跟进并快速见成效，让员工更关注企业未来发展趋势和组织需求，让培训体系具有前瞻性、引领性，让员工能够适应组织变革，迎接企业的无限未来。

2. 规范性原则

规范性原则是指员工培训体系合理、逻辑清晰、内容明确。企业培训的组织框架、培训主管部门人员分工、各部门培训需求调查、企业年度培训计划的制定、培训的实施及培训效果评估等有明确的流程。

3. 全方位原则

培训的全方位原则体现在多方面，在培训重点上关注关键岗位，兼顾其他非关键岗位；在培训内容上将基础培训与技能提升、素质提高结合起来；在培训方式上灵活运用多种方式，结合企业实际、岗位特点以及员工需求，可以把讲授、讨论、参观等多种形式组合起来，综合运用；在培训范围上要进行划分并使培训覆盖各个层级，倾向基层员工，但不可忽视中层管理和高层领导。

4. 员工发展原则

员工发展是指根据企业的现状和发展，员工可以对照相关标准进行自我评估，清楚客观地认识到自身的优缺点，梳理出可以克服自身缺点的方法，有能力打通职业发展通道，通过职级变化来实现自我成长，从而也使企业实现为不同岗位提供人才支持。

5. 培训效果反馈与强化原则

培训效果的反馈与强化在培训活动过程中是不可缺少的。培训管理者根据企业经营管理的需要实施培训，通过培训对企业的经营活动产生实质性效果。为保证培训的有效性，在培训后要对员工的工作进行检验，对培训效果进行评估，目的在于让员工巩固所学，及时纠正错误和偏差，促进培训对于工作的提升。反馈越及时、越准确，培训效果越好。

6. 成本效益原则

企业培训包括企业内训和外训，培训的过程会产生如培训设备、培训场地租赁、培训所需硬件设备等直接成本，也会因员工参与培训而产生误工等间接成本。知识是无价之宝，培训却并非高价，培训管理部门需要控制好企业的培训成本，在保证培训质量的同时要量力而行，要将企业的每一分投入用在关键之处，做到“好钢用在刀刃上”。

三、培训的目的和意义

现今社会已是知识型主导的社会，人力资源的“质”与“量”成为衡量企业优劣的标准，能否充分开发人力资源的潜力已成为企业竞争成败的关键。伴随着经济全球化的不断推进，各行各业面临严峻的外部竞争和挑战，企业要想在外部的同业竞争中确立自身地位，就离不开培训。

（一）开展培训的目的

1. 总体目的

改善企业员工的知识结构，提高员工的工作技能、工作态度，规范员工的行为模式，提升员工的综合素质，从而更好地完成企业的工作目标，为企业发展储备人才；提升企业效益，实现企业的战略规划，强化企业对市场行情变化的适应和调整能力，确保企业在竞争白热化的市场中处于优势地位；提高企业管理人员的领导水平，完善企业的培训流程，健全培训体系，实现人力资源的最优配置。

2. 企业角度

通过培训让个体融入企业，熟悉、了解工作环境及条件，掌握目前工作和未来工作所需的知识、技能、素质等，通过对个体行为方式进行定向改进，确保个体按照企业预期完成本职工作，满足企业长期目标的需要。

企业是一种动态的系统，它的发展离不开内外因共同作用。企业是个体的集合，汇集了每个个体的价值、创造、能量，同时也包容个体之间的差异，培训作为一种管理手段，可起到“调节剂”作用，让拥有不同价值观、工作习惯的个体趋于和谐，通过培训，解决企业不断出现的各种问题，降低因个体失误对企业造成的损失。

3. 员工角度

培训能帮助员工及时获取岗位所需的知识和技能，便于支撑企业运营、管理和发展。员工的发展和企业发展息息相关，在充满竞争的职场，人才机制不断革新，新的人才大量涌入，每一名员工都有被淘汰的风险。要想在时代的浪潮中不被淘汰，就要给自己增加知识和技能的砝码，不断地给自己充电，而培训则是最好、最快的充电方式。

（二）培训的意义

培训能够传递企业精神、传播企业文化，增强企业的凝聚力，增强员工的归属感，从而实现企业的可持续发展。培训的意义不容小觑，具体体现在以下 3 个方面。

1. 企业持续发展的力量源泉

培训可以建立起员工对企业的归属感、责任感，员工认同企业文化，可以增强企业的向心力和凝聚力，发挥人力资源的高增值性，提供的人才支撑为企业长足发展不断输入新鲜血液。

2. 造就人才的重要途径

人才的造就离不开培训，培训可以更加充分地发掘人才的价值，使人才拥有理论知识体系以及完善的工作能力体系，并激发人才的创造性思维。

3. 满足企业和员工各自的需求

培训是企业应对环境变化、社会变革以及自身发展必不可少的手段。企业参与市场竞争，就要拥有高素质人才队伍，培训可以满足企业对人员胜任力提高的需要。个人要在人才争夺战中脱颖而出，就要找准自己的优势，不断汲取新知识、新技能，提高自身的综合素质，提升自己的积极性、创造性，来增强自身的竞争力。员工参与培训，既是对企业管理的支持，也是个人职业生涯的隐形福利。员工培训可以从真正意义上实现企业和员工的双赢。

四、培训的种类

员工培训的种类有很多，企业既可以根据培训手段，也可以根据培训对象的特征和动机确定培训种类。通常员工接受的培训有 3 种类型，即导向培训、在职在岗培训、在职脱产培训。

1. 导向培训

导向培训也称岗前培训，适用于新入职员工，即新员工进入企业后，首先要进行上岗前培训，此培训对于新员工有指引方向的作用，使新员工了解企业文化、企业的规章制度等，使新员工对企业的现状、未来的目标等有所了解，消除或缓解入职的焦虑和担忧，快速进入工作状态。

导向培训的主要目的是：让新员工熟悉新环境，尽快进入新的工作状态；增进新老员工间的交流，增强企业凝聚力；让新员工感受到企业的重视，通过学习掌握基本工作本领。

2. 在职在岗培训

在职在岗培训即工作与学习同步进行的培训，让员工在工作岗位上“学中做、做中学”。这类培训是将员工置于现实工作中，将培训与实际工作结合，由经验丰富的导师现场指导或示范，有计划地让员工提高相关工作能力的活动。

3. 在职脱产培训

在职脱产培训是让员工离开工作岗位，参加全职业务学习。

在职脱产培训适用于管理领域、技术领域。优点是培训时间集中，培训内容系统连贯，培训见效快；缺点是短时间内工作会受到影响，培训费用较高。

五、培训对象分类

培训对象既是培训的主体，也是实施培训的一个要素；既是培训的接受者，也是培训的受益者。培训对象按照培训层级、培训内容、培训规划等进行划分。划分依据不同，培训对象也存在差异。

按照培训的层级划分，培训对象可分为高层管理人员、中层管理人员、基层管理人员、操作人员、新入职员工等。

按照培训的内容划分，培训对象可分为生产相关人员、销售相关人员、技术研发人员、管理相关人员等。

按照培训规划划分，培训对象可分为个人、部门、组织、行业和跨行业等。

第二节　员工培训需求调查的方法

培训需求调查是培训分析的基础，既是确定培训目标、制订培训计划的前提，也是评估培训效果的标准和原点，准确把握员工的培训需求是培训工作有效开展的关键。

经过培训需求调查后所进行的培训活动才有可能真正满足员工、部门及企业需求：满足员工更新知识、掌握新技术、胜任岗位、增强自身竞争力等需求；满足部门更好地进行工作质量管理，提高员工工作能力，构建高效的工作绩效系统等需求；满足企业实现经营战略目标，在竞争激烈的市场中获得竞争优势的需求。通俗地讲，企业要想达成某种培训效果，就要确保收集到的培训需求具有准确性和针对性。每个企业对每种培训的需求都不一样，无论采用什么样的培训需求调查方法，目的都是为了改变现状、解决问题，达到预期效果。

一、问卷调查法

问卷调查法主要是通过问卷、征询表等方法对目标群体的培训需求进行调查，通过书面形式获得有效信息。其适用范围：从受培训对象角度来看，适用于有一定文化水平的人员；从收集样本的角度来看，适用于较多的样本信息收集；从调查过程的角度来看，适合短期的调查。

二、访谈法

访谈法，就是信息收集者与被询问者，通过口头谈话、交流，发现被询问者在工作中存在的问题，从而找出被询问者培训需求的方式。

三、观察法

观察法，就是观察者进入被观察者的工作场合，从多方位、在较长时间或者典型工作时间段内进行细致观察，发现被观察者在工作中存在的问题，从而获得被观察者培训需求信息的方式。

观察法适用于工作内容主要由身体活动来完成，一段时间内，工作内容、工作程序不会发生明显变化的工作人员，如保安、流水线工人、操作工等。

四、小组讨论法

小组讨论法又称专家法，是在培训管理者的组织下，将相关人员集中在一起，通过对某一问题或某些问题展开讨论的形式，对培训需求进行调查。小组讨论的形式比较灵活，可以正式，也可以非正式。

小组讨论法是一种非常实用的集体智慧的体现，因为培训需求调查的过程允许不同观点和看法的存在，对培训管理者的依赖降低，利于调查者根据收集的信息进行决策。

第三节　员工培训的分类

员工培训的分类，如果根据实施主体——培训讲师的来源进行划分，主要有两种；如果根据培训范围进行划分，主要有 3 种。

一、根据培训讲师的来源划分

根据培训讲师的来源，员工培训可以分为内部培训和外部培训两种。

（一）内部培训

内部培训的培训讲师来自企业内部，主要面向企业内部各层级员工，独立于外部培训市场，在企业内部封闭运行。内部培训的优缺点如图 7-1 所示。

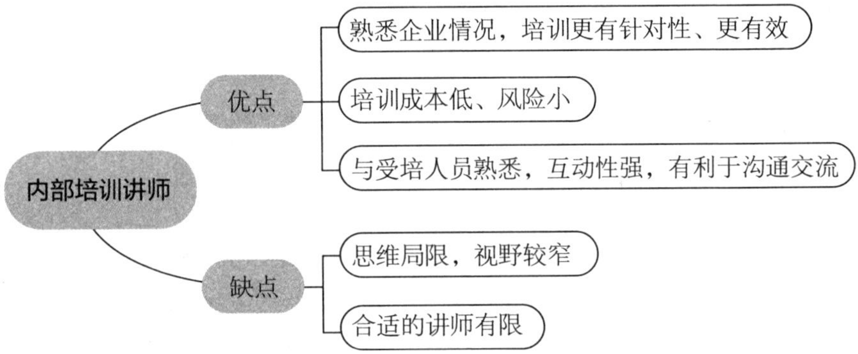

图 7-1　内部培训讲师的优缺点

1. 优点

内部培训讲师最大优势是他们拥有与所属企业相匹配的专业素质，深度参与企业的经营管理活动，熟悉企业的发展历程和企业文化，拥有相关的专业知识，有丰富的经验，利于实现培训预期的效果。

内部培训讲师通常是在企业内部挑选或选拔的，大部分是在本职工作之外提供培训服务，培训报酬一般低于培训市场的同类培训，降低了企业培训的成本。

内部培训讲师与接受培训的员工较为熟悉，能够有效避免培训开场出现冷场情况，能更好地调节培训氛围，在培训的过程中更容易开展互动、交流。内部培训可充分利用同事关系，搭建企业学习交流平台，这种交流不仅停留在培训中，在培训结束后也可实现无缝沟通，建设学习型组织。

2. 缺点

内部培训讲师的经验主要来自于其所从事的工作，对于新领域、新事物的认知可能较少，就不可避免地带有一定的思维局限。

在培训讲师的选拔和任用上，很多企业机制不健全，通常是受培训对象需要提高哪方面知识，就从相关部门挑选一个人来对其进行培训，培训讲师没有经过系统、专业的培养，有可能得不到受培训对象的认可。此外，具备培训能力的骨干等因为本职工作繁杂、重要事务不容分心等原因，参与培训的积极性不高，有可能造成企业合适的培训讲师有限。

（二）外部培训

外部培训的培训讲师来自企业外部，比如企业聘请企业外部的培训讲师、学者、行业专家等为员工开展培训，采用这种培训方式，培训内容会更加丰富。外部培训的优缺点如图 7-2 所示。

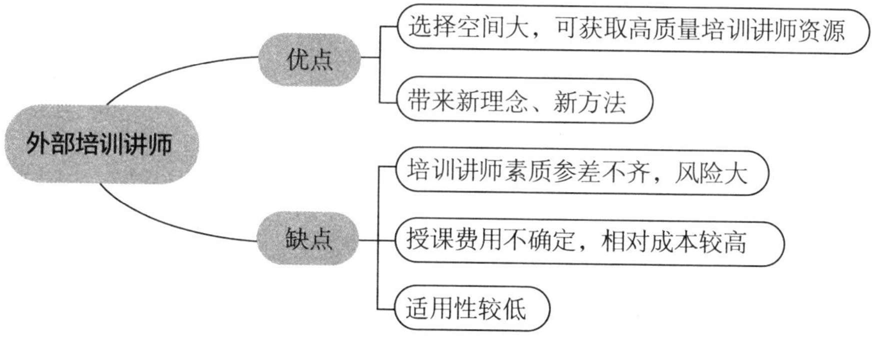

图 7-2 外部培训讲师的优缺点

1. 优点

培训对企业发展的作用愈显重要，企业对培训日益重视，培训市场大幅升温，外部讲师的师资力量数不胜数，许多有能力、有才华的人投身培训事业，做起了全职培训讲师。在质量上，外部培训讲师接受过专业的培养，知识的广度和深度远超内部培训讲师。

与内部培训讲师相比，外部培训讲师需要不断地学习，其知识体系不断更新，其视野更为开阔，可以为企业输送一些新思想、新理念、新方法。

2. 缺点

企业在选择外部培训讲师时，往往看重培训讲师所处的行业及其以往授课频次，对其擅长的领域、讲课风格等不了解，无法确保培训讲师的质量以及其是否满足企业需求等，选择外部讲师存在一定的风险。

不同层级的培训讲师授课费用不同，企业在选择培训讲师前无法准确预估授课费用，也就无法准确核算人员培训成本。当企业对培训的需求量上涨时，培训费用随之增加，其经济性明显不及内部培训。

培训讲师对企业的文化、愿景及发展等不了解，培训的具体内容有可能仅停留在理论层面，缺乏实战性和适用性，达不到企业的预期效果。

二、根据培训范围划分

根据培训范围，主要可分为集中培训、部门培训、自主培训。

（一）集中培训

集中培训一般是针对工作中有共性的、有必要让员工都理解和掌握的内容，由企业统一组织、统一开展培训活动，员工进行有目的的学习，实现“知”“行”合一。培训的具体形式通常为集中上课、专家讲座、集体研习、在线学习等。

1. 集中上课

在一段时间段内将参培人员汇集在同一个地点，按照课程表的安排讲授知识。通常是参培人员脱离工作环境，置身于较为安静的环境，身心放松，上课期间穿插讨论、互动、提问等方式，学习效果更好。

2. 专家讲座

企业外聘相关专家或者邀请企业负责人、相关从业人员等以专题讲座的形式对参培人员展开培训。

3. 集体研习

对于某一领域或某个主题，采取集体讨论的方式，敞开心扉，坦诚相见，通过不同思想的碰撞，甚至进行激烈的争论，最终理解问题，集思广益，拓展思路。

4. 在线学习

在线学习打破了时间和空间的限制，利用互联网实现培训讲师资源及培训内容共享。

集中培训主要适用于员工数量较少，职位需求相同或类似的企业。集中培训的成本较高，但培训的收效明显，可为岗位职能相对单一的企业缩短人员培训的周期，让员工更快地改变工作方式或工作态度。

（二）部门培训

部门培训是针对部门内的人员，根据工作或业务实际需要，主要围绕岗位专业技能、职业道德素养、沟通技能等方面进行的培训。

部门培训适用于员工数量较多、岗位需求差异大的企业，目标明确地对员工进行小规模、灵活实用的培训。部门培训由各部门组织实施，更具有针对性、实用性。

（三）自主培训

自主培训是个体积极、自觉、主动地进行学习的行为，自主培训打破了常规培训模式，不受时间和空间的限制，具有“自主性”这一特征。自主培训在方向、内容、方式这三方面有如下特点。

1. 方向

自我分析，“定向”自主培训。方向即前进的目标，个体需要结合自身的主客观条件，有针对性地、科学地审视自己，进行清晰的自我定位，确定职业发展和个人成长目标，进行自发、有目的的学习。

2. 内容

深入学习知识，进行深度自主培训。个体通过审视自我以及复盘工作，让自己不断进行自主学习，获取和储存知识。

3. 方式

通过沟通交流以及实践，“反思”自主培训效果。个体用储备的知识梳理问题、解决问题，并建立与同事以及与领导层的交流通道，审视自主培训的内容是否能真正实现“所学即所用，所用即所学”这一目的。

对于自主培训的具体形式，根据个体的简单区分，分为个体自主培训和组织自主培训；根据培训内容的区分，分为理论自主培训和实践自主培训。

第四节 员工培训的形式

以实践为基础和目的对培训形式进行设计，培训则会具有较高的实操价值。企业通常采用以下培训形式来提高培训的有效性。

1. 讲授法

讲授法是一种最常见、最直接的培训形式，俗称灌输式培训法，主要依靠企业内部培训人员或者外部聘请的专业讲师通过语言或者结合其他辅助的培训手段向员工系统地传授知识、技能的方法。

2. 角色扮演法

角色扮演法也称情景演绎法。通过情景演绎、角色扮演，让员工身临其境，理解内容，达到培训效果。这种培训方法针对性较强，将培训内容与现实工作相结合，使接受培训的员工产生一定的体验，激发员工的学习热情，实效性显著。

3. 案例研讨法

案例研讨法也称个案分析法，其采取讲解典型个案、分析典型个案的方式，围绕培训内容，用通俗易懂的语言进行讲解和分析，让员工加深对所学知识的理解。这是一种信息双向交流的培训方式，是通过真实案例剖析工作中可能出现的问题，提高员工分析问题、解决问题的能力。

4. 岗位轮换法

岗位轮换法指的是在一定时间内，让员工通过内部流动，实现多岗锻炼。这种培训形式可拓宽员工的视野，锻炼员工多方面的能力，避免员工因在同一岗位时间过长而产生惰性。岗位轮换法是企业将员工培养为多面手、全面型骨干或一专多能的复合型人才的方式之一。

第五节 员工培训预算管理

企业开展培训，须有必要的经费保证。培训预算是企业用于培训的费用，通常由人力资源部门结合人力资源年度计划和培训计划编制培训预算，上报预算管理办公室（通常为企业的财务部）审核，然后将预算报告议案提交至总经理办公会审议后，交至董事会批准。

为了培训得以顺利开展，且培训效果佳，培训部门编制培训预算时，基础要扎实，预算要合理，预算执行数据要真实，预算执行中要及时反馈出现的问题，做好预算控制、分析、监督工作。

一、确定培训预算编制方法

培训预算编制方法有总额分解法、参考线标准法、零基预算法。

1. 总额分解法

所谓总额分解法，就是根据企业的战略投入或者以教育经费计提总额作为参考，进而分解培训预算，确定培训预算的比例及费用额度，编制培训预算。

2. 参考线标准法

所谓参考线标准法，就是企业依据历年培训经费决算结果，制定企业各级人员、培训项目的预算参考线，各部门按照参考线标准编制培训预算。

3. 零基预算法

零基预算法又称零底预算，通俗地讲，就是不考虑以往的情况如何，编制预算时均以零为基础，从根本上研究、分析每项预算是否有支出的必要以及支出数额的大小，以此为原则编制培训预算。比如，根据项目开展实际发生额编制其所需的培训预算，进而确定年度培训预算总额。

二、编制培训预算

（1）企业培训预算通常由各级单位分摊费用构成。

（2）人力资源部门根据财务部每年统筹安排的年度预算工作，汇总各部门、各子公司年度培训需求，编制企业年度培训工作计划和培训预算。

三、培训预算的执行与监督

培训实施前审批培训流程、培训方案，并提报开展此培训项目需要的经费。培训结束后按照企业报销流程完成费用支出。

人力资源主管部门监督各级单位或各部门培训实施进度的同时，监督、控制培训费用的使用，确保不超预算。财务部门要不定期对培训经费支付进行评估，监督培训预算编制及执行的科学性与全面性。

企业每季度需对培训经费进行审计，以确认培训经费是否在预算范围内，列支项目是否符合培训经费列支范围，内部是否建立完整的培训经费使用台账等。

四、培训预算分析与调整

各级单位培训项目的实施要以培训计划和预算为基准，要找寻实际执行与预算之间的偏差，分析预算考虑不周之处。确因特殊情况须追加培训预算的，需要单独申请，经企业相关流程审核批准后方可执行。

原则上，培训预算一经批准就具有约束力，应严格执行，除因出现不可抗因素需要进行预算调整外，任何人不得以各种理由更改、调整培训预算。遇以下情况，按照流程进行报批后，方可以进行培训预算的调整。

（1）出资企业合并、分立、解散、申请破产、改制，组织机构发生变化。

（2）定编定员发生重大调整。

（3）外部环境、市场发生重大变化，企业因拓展业务而需要调整培训项目。

（4）上级临时安排必要培训项目。

（5）企业内部资源发生变化，需调整年度培训计划。

第六节 员工培训效果评估

员工培训效果评估是培训体系中一个重要环节。培训效果评估，是运用科学的理论、方法和程序，从不同维度将培训需求与培训目标结合，确定实施培训后实现的价值。

1. 个人效果评估

个人效果评估指的是员工通过培训“学到了什么”，通过培训前与培训后的对比，以员工掌握知识情况、技能提升情况、工作态度改善情况为评估内容。

2. 岗位价值效果评估

岗位价值效果评估，即按照企业岗位说明书，对各部门、各岗位状况，主要是对员工从事的岗位、员工的工作能力、工作态度及工作成绩进行培训效果评估，目的是测评培训对象能否胜任其所承担的工作，或者其工作行为的改变对其所在部门的影响以及其对企业创造的价值，进而确定培训效果。

3. 讲师效果评估

讲师效果评估，通常通过员工参加培训的签到率、培训过程中的互动性、培训结束后的意见反馈等评估讲师的培训效果。

4. 效益评估

效益评估的目的是比较企业进行培训的成本收益。在一定程度上，培训具有经济属性，企业开展培训活动，是对培训对象的理性投资，企业在进行培训时需要投入一定的人力、物力、财力。通过员工培训的效益评估，企业可以了解培训的投产比是否符合预期，个人目标与组织目标达成与否，培训效益是否令企业管理者满意等。

培训效益评估的作用有：一是对培训的效益进行确定；二是审核培训目标完成情况；三是及时改进培训环节，以找到更科学、合理的培训方法；四是明确此类培训项目的必要程度。加强培训效益评估，可有效促进企业合理开展培训。

第七节 员工培训流程

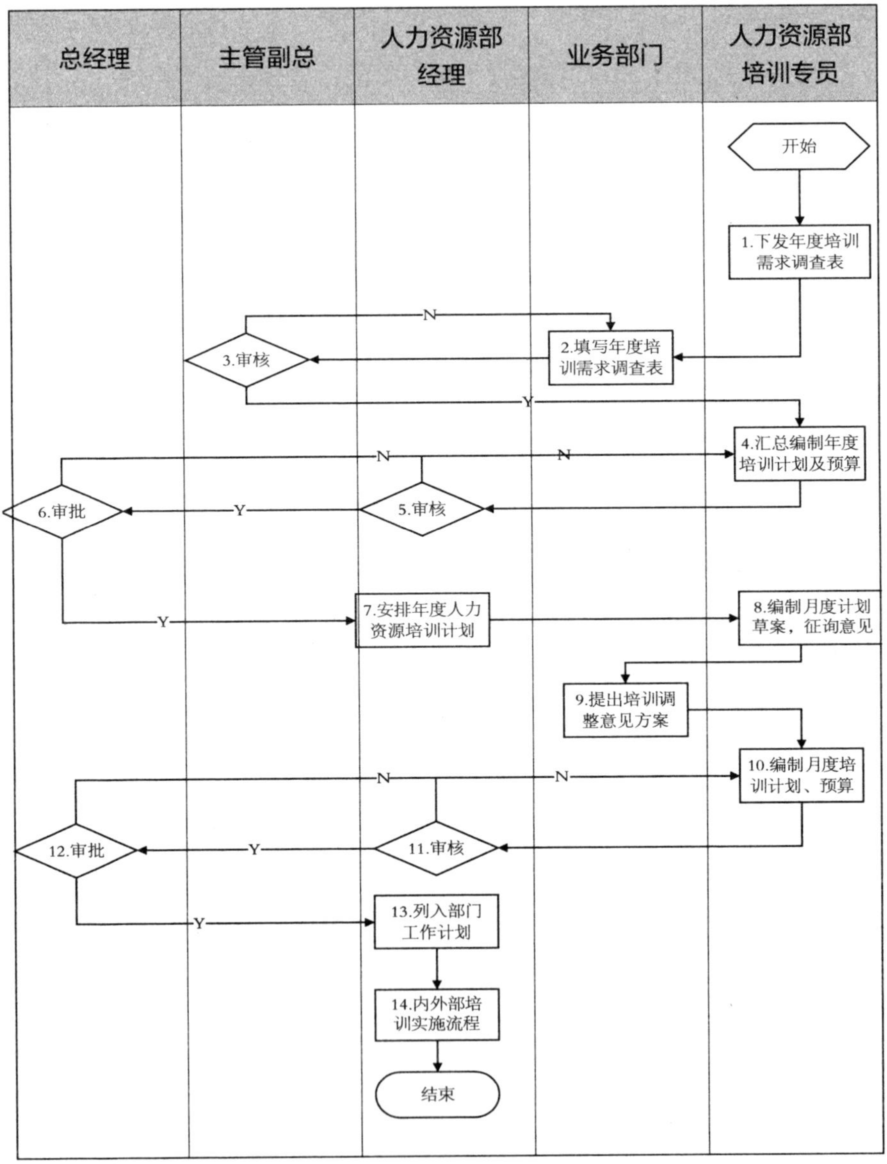

图 7-3 培训管理流程

一、入职培训操作流程模板

企业为了尽快与新入职员工缔结“心理契约”，加速新员工对企业的适应，尽快达到岗位标准，满足企业要求，企业需加强员工入职培训。入职培训流程如下。

（1）人力资源部门办理新员工入职手续后，发放人员信息表，获取新员工包括年龄、性别、学历、政治面貌、学习工作经历等信息。

（2）人力资源部根据新员工入职职位和新员工的人员规模，选定培训内容，制定培训计划，并须提前3天以口头、书面等形式通知新员工参加培训。

（3）做好培训准备。人力资源部门准备好培训资料，提前准备好《培训签到表》《培训调查问卷表》，部门经理安排协调好新员工在培训期间的工作，通知其培训时间和地点。

（4）新员工参加培训。通常新员工入职培训包括通用培训和专业培训，企业层面集中组织新员工通用培训，以课件为载体，对企业的概况、经营方式、组织架构及领导简介、企业文化及愿景、企业大事记等进行培训。更专业的培训则交由各部门组织实施，重点培养新员工未来工作所需的技能。参加培训的新员工在进培训教室时，在《培训签到表》上签到，人力资源部做好新员工培训出勤统计。

（5）培训调查评估。培训当日向新员工发放《培训调查问卷表》，通过收集新员工对入职培训的总体评价，征求新员工对入职培训的需求和期望，汇总新员工对培训工作的建议，致力于不断优化培训流程，提高培训质量，实现员工与企业共同进步。

（6）员工培训考核。企业在培训结束30天内组织新员工参加培训考核，通过培训考核，检验员工的知识和技能水平，使其查找自身的不足之处，改善工作绩效。设定硬性考核指标，调动员工参加培训的主动性、积极性，强调培训的重要性，帮助新员工树立职业心态。

（7）建立入职培训档案。人力资源部负责批阅培训考核的“卷子”，对培训考核结果进行汇总，让培训资料及培训考核结果留痕。

（8）核实培训考核结果。行政副总或相关领导审核人力资源部报送的培训考核结果的真实性、可靠性，将无异议的培训考核结果呈报企业总经理。

（9）公布入职培训结果。将培训考核结果作为新员工胜任工作岗位的重要依据，考核的结果决定新员工是否可以被录用，总经理对培训结果做最终确定，培训考核合格者予以安排上岗，不合格者办理辞退或者转岗试用。

二、企业年度培训流程模板

年度培训计划是制定年度培训预算，核定培训人员成本的基础。

（一）国有企业

1. 对培训进行组织、管理

拥有人事管理权限的党政办公室或综合管理部负责规划、实施和控制企业年度培训活动。基本程序为：收集各部门培训需求—分析汇总培训需求—制订年度培训计划—确定培训项目—设计培训方案—实施培训—评估培训效果。

制定年度培训计划（以国有企业二级公司为例）程序如下。

（1）党政办公室或综合管理部每年年底向企业员工发放《员工培训需求调查表》，向员工广泛征求次年需提升的知识、技能和素质方面的建议。

（2）子公司或各部门填写《员工培训需求调查表》，子公司、各部门负责人结合本公司主营业务开展情况、重点项目推进情况以及本部门的职能，收集本公司、本部门员工填写的《员工培训需求调查表》，对收集的调查表进行分类汇总，充分了解员工亟待提升哪方面知识和技能。拟定本公司、本部门培训需求计划，报党政办公室或综合管理部。

（3）党政办公室或综合管理部根据财务管理部每年统筹安排的年度预算工作，结合公司整体发展、子公司或各部门特性、员工现行素质、上年度培训经费使用情况等信息，拟编《年度培训计划》和《年度培训预算表》。

（4）党政办公室或综合管理部负责人将《年度培训计划》和《年度培训预算表》分别报送人事主管领导、财务主管领导审核。

（5）主管领导对《年度培训计划》和《年度培训预算表》均无异议后，党政办公室或综合管理部将《年度培训计划》提报总经理办公会（或董事会）审议。财务管理部根据《年度培训预算表》，计入“管理费用—职工教育经费”等科目编制公司财务预算，提报党委会审议。

（6）出席会议的领导原则上同意后报上级主管人力资源相关部门备案后，方可按照计划在次年全年规定时间内实施培训活动。

2. 培训计划实施

企业制订年度培训计划以后，就要按照计划的时间落实和操作培训计划，培训计划的落实和操作步骤如下。

（1）选定培训项目负责人。培训项目负责人要负责培训过程的总体协调和沟通，保障培训顺利进行。培训项目负责人应是既熟悉培训项目，又有经验，且有一定话语权、影响力的人，一般为企业领导，他们有全局观和大局观，行为、话语起着决定性作用。

（2）选择讲师。每个培训项目的具体目的、要求、内容和切入点不同，所需的知识、技能、素质也千差万别。好的讲师是培训的关键。培训讲师除了拥有语言表达、逻辑推理、信息处理能力以及一定的文化修养以外，还需要拥有相关的专业知识，实践经验丰富，控场能力强。一个好的培训讲师，可以让员工和企业获得加倍的收获。

（3）确定参培人员。只有因材施教，培训才能获得事半功倍的效果。要根据培训项目的要求和培训内容，分析并确定想要最终获益的群体范围。

（4）告知参培人员培训的目的、要求、内容、程序。向参培人员明确告知培训目的及相关事项，这样，参培人员才会有重点、有方向地接收讲师传递的内容，双方共同努力，实现培训的目的。

（5）培训准备工作。①党政办公室或综合管理部根据年度培训计划通过办公软件或工作微信群向参培子公司或相关部门发放培训通知书；②参培子公司或部室负责人根据工作安排和需求，向党政办公室或综合管理部报送参培人员名单；③在信息公开栏张贴有关培训时间、地点、培训内容的公告；④制作培训签到表，准备培训资料，确认培训场地，做好讲师的服务保障等前期准备工作。

（6）培训效果评估及反馈。定期对培训进行评估，重点是对培训转化结果的评估。要考察参培人员回到工作岗位后，能力、素质和行为等方面改变的情况，及时发现培训中的问题，并尽可能找出问题之所以存在的原因，为后续培训工作提供改进建议，为员工在工作岗位上学习持续提供支持。

（二）私营企业

（1）发布年度培训需求调查表。每年企业制定年度经营计划时，人力资源部组织安排各部门填写年度培训需求调查表。

（2）各部门提交年度需求调查表。部门经理要在收到人力资源部下发的《培训需求调查表》两周内，根据年度工作开展情况及员工的工作情况，在与员工充分沟通后，填报下一年度《培训需求调查表》。

（3）主管副总审批《培训需求调查表》。主管副总审核各业务部门填报的《培训需求调查表》。

（4）汇总各部门培训需求，编制年度培训计划及预算。收到各部门反馈的《培训需求调查表》后，人力资源部培训专员在规定时间内汇总各部门培训需求调查表，根据人力资源部规划，编制年度培训计划（包括培训课程、培训形式、培训要求、参培人员等）及预算，上报人力资源部经理审核。

（5）人力资源部经理、总经理审批年度培训计划及预算。人力资源部经理审核培训专员提交的年度培训计划及预算，然后将通过审核的培训计划及预算提交总经理审核；总经理审批年度培训计划及预算。

（6）安排年度培训计划。收到培训计划及预算反馈后，人力资源部经理安排年度培训工作，培训计划进入实施阶段。

（7）编制月度培训计划。培训专员根据年度培训计划编制月度培训计划，征询各部门月度培训计划调整意向（如部门提出计划外培训，则需要提交申请）后，调整月度培训计划和预算，报人力资源部经理审核。

（8）人力资源部经理审批月度培训计划及预算。如审批未通过，则指导培训专员修改；如审批通过，则将培训计划及预算报总经理审批。

（9）列入部门工作规划。收到总经理对培训计划及预算的审批后，人力资源部经理将月度培训工作列入部门整体工作规划中，进入实施阶段。

（10）进入内外部培训实施流程。每月月初确定当月培训项目，根据工作表进入内外部培训实施流程。

第八章 策划培训方案的基本要领

第一节 培训方案概述

一、培训方案的重要性

培训方案是企业制定的，和企业发展规划密切相关的，有目的、有针对性地对企业成员实施培训活动的策划书。

一个培训项目的成功实施和开展，离不开精心策划的培训方案，明确可行的培训方案是培训顺利实施的前提。一个完整的培训方案是一个流程完备、条理清晰、事事周全的实施计划。有了明确可行的培训方案，培训才能达到预期效果。

二、培训方案格式内容

一个完整的培训方案必须包括培训目标与培训对象、培训时间、培训资源、培训形式、培训课程、培训管理办法与培训评价、培训费用等7个要素。

1. 设置培训目标，明确培训对象

在企业发展的过程中，员工自身的工作能力与企业发展的实际需要或员工的某一职能与标准之间存在差距，这些是企业开展培训时要重点解决的问题。首先要设置培训目标，才能够使培训以目标为核心，确定培训的其他要素。培训目标的设置具有一定的宏观性、抽象性，目的是使员工通过培训改进自身的不足，更好地开展工作，为企业发展创造价值。因此在策划培训方案前就要明确培训目标及培训对象，在培训的各环节将总目标细分为小目标，并逐一完成。

2. 明确培训时间

根据企业工作的实际情况、员工工作安排，确定培训的时间、时长、周期等。

3. 确定培训资源

培训资源有内部资源和外部资源之分，可根据培训需求及培训内容进行选择和确定。一般而言，对于通用理论、公共知识以及企业内部无法满足的需求，可选择外部资源；企业专属的、涉及企业商业秘密、与岗位技能关联性较大的、企业内部能自行满足培训需求的，可选择内部资源。

4. 选择培训形式

为提高培训质量，达成培训预期效果，可综合运用灵活多样的培训形式，也可以开发企业特有的培训形式。

5. 安排培训课程

根据培训资源情况、目标人员及培训周期，做出具体培训课程安排。

6. 制订并实施培训管理办法与培训评价

培训管理办法是对企业各种类型的培训进行约束和管理，解决人才匮乏、人员能力不足等问题的重要方式，目的是通过约束性文件实施有针对性的培训，并要在培训结束后对培训进行客观评价，以不断增强培训效果，有针对性地提升企业员工的整体素质，提高企业的绩效水平。

7. 核定培训费用预算

从会计的角度对培训项目的各项费用、支出进行提前计划，便于核定培训成本，确定培训收益。培训的不同阶段、不同培训项目所需的培训设备、人员以及材料成本不同，所产生的培训成本和收益也不尽相同，合理的培训费用预算能够有效控制成本，提高投入产出比。

怎样才能使培训方案明确可行呢？把培训方案进行分解，分解为可以执行的明确步骤。

××× 培训方案

一、总体目标：

二、原则和要求：

三、培训内容与形式：

培训科目	培训内容	培训目的	时间	主讲人
公司发展史及行业现状分析	讲解公司发展历程、行业现状、趋势分析	促进新员工对公司的了解和认同		
纪律制度及安全生产知识	讲解公司管理制度、奖惩规定、行为规范和安全生产要求	树立员工的服从意识、规范意识和安全生产意识		
岗位职责和部门职责介绍	讲解岗位专业技能和要求，以及相关部门的工作职责	帮助员工明确本职工作特点和要求以及工作流程		
……	……	……		

四、措施及要求：

五、培训费用：

图 8-1　培训方案示例

三、培训方案的实施要点

1. 提高企业对于培训的认知水平

员工素质是企业高质量发展的“软实力”，加强培训，可以提升员工综合素质。企业管理者要认识到培训关乎企业的发展，关乎企业的未来。企业管理者要提高对培育员工、造就人才的培训活动的重视程度。企业管理者对培训的重视程度直接影响员工对培训的态度。只有企业管理者对培训高度关注，向员工强调培训的重要性，培训的实施过程及培训结果才会更顺利、更有效。

2. 建立、健全企业培训体系

企业要想将培训工作全方位、深入、持久地开展下去，体现出专业性和系统性，就必须建立一个职责明确、结构具有整体性、内容具有系统性、可以覆盖不同层次的培训体系。

3. 落实培训投入，使用专项资金

培训对于企业来说是一个长期行为。企业要想培训顺利实施，就要落实好培训经费的投入。企业要根据财务年度预算，保障培训经费充足，企业的财务部门要设置专门款项，专款专用，便于核算年度培训费用。

4. 健全培训评估机制

（1）建立监督机制。不仅要监督培训讲师的培训过程，还要对培训内容、培训经费进行监督，确保培训要素完善且合理。

（2）建立反馈机制。对培训对象进行跟踪，通过收集培训对象在培训过程中遇到的问题和反馈，进行有针对性的调整，提升培训效果。

（3）建立激励考核机制。对开展的培训活动进行考核，激励培训成效显著的个人以及培训工作落实到位的部门、组织。对于未达预期培训效果的个人进行提醒，对培训工作落实不到位、培训计划形同虚设的部门、组织予以批评。

第二节 确定培训对象

策划培训方案首先要确定培训对象，要明确培训对象是新入职员工、基层员工、中层管理者还是高层管理者。

培训对象是培训方案的主体，在策划培训方案时，不能仅将培训对象作为培训中的一个元素，理所当然地认为培训对象只要参加培训，培训活动就能开展。培训对象不仅是培训的接受者，同时也是一种可利用的学习资源，只有充分调动培训对象积极参与培训，培训效果才有可能达到最佳，培训效益才有可能达到最大。

1. 新入职员工

新入职员工通常指从一个熟悉的环境刚进入新的环境从事劳动活动的人员。既包括走出校园就业的毕业生、下岗再就业人员、调转人员，也包括有职场经验的人员等。新入职人员通常有以下特征。

（1）不熟悉工作流程，工作缺乏计划性。

（2）不善言辞，缺乏团队合作。

（3）对工作认知不足，工作进展不顺利。

（4）抗压能力差，遇事容易情绪化。

2. 基层员工

基层员工是指从事基层工作，无领导职务的员工。在企业中，基层员工包括行政、经营等部门的专员、办事员、一线生产员等所有无领导职务的员工。基层员工的特点如下。

（1）工作经历与资历相对较浅。

（2）所负责的工作比较明确，工作要求、规则都较为具体。

（3）工作内容比较固定，具有很低的创新性。

3. 中层管理者

中层管理者属于企业的中层干部，是企业的中间力量，指挥基层员工完成工作任务，领会高层领导的意图，执行企业的战略决策。中层管理者拥有一定的权力，通常具备一定的专业素质和团队运作方法，对培训的重点需求不仅在于现有技能的提升，更在于潜在能力的开发，以进一步适应现代企业的要求，适应市场竞争。中层管理者通常有以下特征。

（1）具有较强的组织能力、协调能力和沟通能力。

（2）服从企业目标和战略发展要求。

（3）具有顽强的意志和稳定的情绪，并能通过自身的个人魅力感召下属。

4. 高层管理者

高层管理者是企业管理的全面负责人，他们决定企业的总目标、总战略，掌握企业的发展方向，承担着企业收益与风险并存的压力，担负着把握企业发展方向的责任。因此，高层管理者对于培训的需求与企业的大局有关。高层管理者通常包括 CEO、总经理、副总经理等。高层管理者通常有以下特征。

（1）具有较强的战略规划能力，具有统筹把控能力。

（2）具备获取信息、分析信息和决策的能力。

（3）胸怀大局，能够全面、系统、具前瞻性地看待和思考问题。

（4）具备创新和权变的理念，具备风险管控能力。

第三节 选择培训内容

培训内容一般包括 3 个方面，即知识培训、技能培训和素质培训。企业要根据单项工作或阶段性工作的培训要求，结合培训对象的特点，有针对性地选择培训内容。

一、选择培训内容时应遵循的原则

1. 培训内容应完整、系统和连贯

很多企业把培训当成一个走过场、交任务的形式，认为培训内容讲完了，培训工作就算完成了，但是，这样的培训没有实际意义。有效的培训要在培训的课程组成方面体现内在的逻辑性、连续性，培训内容应是完整的。

2. 符合培训对象的实际需求

华而不实的培训内容有“作秀”之嫌，如果只是照本宣科地进行培训，培训效果往往差强人意。员工参加培训的目的是想让自己的能力等有所提升，所以，企业实行员工培训前，应当对员工的实际情况进行充分了解，掌握员工在知识、技能、素质等方面与工作要求之间的差距，做好员工的培训需求调查和分析，以此来选择合适的培训内容。

3. 重视理论到实践的回归

选择培训内容要做到理论与实践相结合。培训内容既要有基础的科学理论，又要有应用性、技能性和可实践性，这样才能使员工将知识积累同自身发展结合起来，促进知识向能力的转化，实现学以致用。

4. 内容丰富、形式多样

在企业中，员工职级不同，工作分工及工作要求也随之不同，对知识、技能、应用知识等的需求也就不同。为使培训能让不同层次的培训对象都有收获，培训内容必须丰富。

二、针对不同培训对象，选择不同的培训内容

（一）新员工培训

新员工培训是新入职的员工均应参加的基础性培训。新员工培训的目标与内容要在员工满足入职条件的基础上选择，目的是使新员工通过参加一系列培训活动，在短时间内适应工作环境，达到工作的要求。新员工培训的内容侧重于企业概况、职业素质养成、岗位实用技能、职业发展等。

1. 新员工培训内容

（1）企业概况：介绍企业文化、组织架构、企业业务范围、企业管理制度、企业发展历程等企业概况。

无论是应届毕业生还是有过工作经历的人员，在进入本企业前，他

们都属于本企业之外的人员，对他们来说，本企业的一切都是陌生的，企业新员工培训的目的就是把新员工同化，让其成为企业的一分子，尽快融入企业文化和工作环境中。

（2）职业素质养成：包括职业化塑造、职业化行为训练、职业道德素养、职业态度、团队协作等。

（3）岗位实用技能：岗位职责要求、行业基础知识、企业产品等。

岗位实用技能培训主要是让新员工担负起岗位职责，明白自己的使命所在，找准自己工作的岗位在企业组织架构中的位置、价值，掌握上岗工作需要具备的知识和技能等。

（4）职业发展：试用期要求、转正考核、职业生涯规划、晋升规定等。

职业发展培训是企业培养人才、留住人才的法宝，企业为新员工创造发展空间，解决新员工对自己未来发展的迷茫、无助感，可大大降低新员工的流失率。企业在培训中介绍职业发展通道、员工晋升空间等内容，激发新员工的内生动力、创新活力和工作潜力，鼓励新员工规划自己的职业发展路径，帮助新员工明确发展方向和目标，突破发展瓶颈，提升职业能力，改进工作绩效，为新员工晋升奠定良好基础，为企业积蓄更多的后备力量。

2. 对新员工培训的要求

（1）要围绕企业的经营理念、价值观、企业文化。

（2）要服务于企业当前经营发展战略整体规划。

（3）要搭建新员工与企业之间良好的桥梁关系，激发新员工的自主工作意识，帮助其尽快进入工作状态。

（二）基层员工培训

基层员工培训是以部门的专业细分，工作特点及工作要求为基点，对不同岗位的基层员工设置有针对性的专业培训，旨在使基层员工工作时能进一步提高工作效率，高效完成业绩指标。

1. 基层员工培训内容

（1）工作的基本知识、方法、技巧。

（2）工作范围内的工作分析、创新的可能，提高工作效率的方法。

（3）岗位要求的专业素质与技术。

2. 对基层员工培训的要求

（1）要让基层员工明确认识岗位职责、工作方法、流程及标准。

（2）要让基层员工掌握基层工作的知识方法、技巧，解决工作中遇到的问题。

（3）要让基层员工熟知制度规定的标准、程序。

3. 基层员工培训内容的一些分类

对于基层办事员，通常选择与行政相关的知识进行培训，包括办公软件使用、办公设备操作技能，礼仪接待技巧，收发、处理文件的技能，安排会务、接洽工作的能力，草拟文案、报告的技能，文书的收集、整理、归档和保管技能等。

对于技术类员工，通常选择与行业技术相关的知识进行培训，如工程设计与调试、新产品研发、设备动力、计量测试、成品质量检验等。

对于营销类员工，通常选择与市场营销相关的知识进行培训，如商务礼仪、形象塑造、商务谈判技巧、营销渠道的管理和研究、市场开发方法探索等。

对于生产类员工，通常选择与通用技能相关的知识进行培训，包括生产工艺、安全生产知识、产品质量等。

（三）中层管理者培训

中层管理者介于基层员工与高层管理者之间，其工作与企业发展规划密不可分。中层管理者要有效地组织基层员工开展工作，执行高层管理者的决策，解决企业面临的各种问题，保障企业目标及部门目标的落地。在工作内容上，中层管理者需要拥有丰富的社会经验，强大的专业素质，能灵活处理各类常规和突发状况，审时度势，灵活应变。中层管理者培训侧重于经营管理基本理论与实际运用方面的培训，包括服务意识、部门目标管理、绩效考核、成本控制、市场营销、人力资源开发与培训、员工激励、沟通技巧、领导艺术等方面。

1. 中层管理者培训内容

（1）角色认知。角色认知包括对于管理的基本理解，管理风格的自我认知，中层管理者的职责界定等。

在企业组织中，中层管理者是连接组织战略与具体行动的关键纽带，他们既是基层员工的领导，也是高层管理者的下属，更是其他中层管理者的同事。

中层管理者在团队中担任资源分配的角色，以实现组织目标为资源分配的出发点和归宿点，将上级的决策、组织任务细分为不同的目标体系，调度、授权、安排、组织下级保质、高效地完成任务。

面对高层管理人员，中层管理者担任命令执行者的角色，承担着企业变革和企业发展的决策应变职能，领会上级的意图，成为上级的智囊，反映员工的意见和要求，发现问题并提出改进建议。

面对其他中层管理者，中层管理者是沟通协调者，在组织体系中不仅发挥着承上启下的纽带作用，还有沟通协调的作用，与其他部门互相配合、互相支持。

（2）自我管理。自我管理包括情绪控制、责任心培养、自我领导力的发展等。

首先，中层管理者的人格魅力往往比职务赋予的权利更具感召力。要想管好别人，必先管好自己。高效的自我管理首先要管理自己的心态，身处繁杂的琐事中，要适当纾压，避免情绪化，以积极的态度抵御外界干扰，并通过自己稳定的情绪、积极的态度感染周围的人，让下属也能以积极的心态对待工作和生活。

其次，“工欲善其事，必先利其器”，中层管理者要想带领团队在激烈的竞争中胜出，必须拥有优秀的学习能力，要给自己创造足够的学习时间，不断钻研业务，汲取新知识，借鉴经验，做一个知识型、学习型的中层管理者。

（3）人员管理及工作管理。人员管理及工作管理包括领导科学与艺术、人际关系与冲突处理、有效授权、团队建设能力等。

管理主要应对的是“人”和“事”。人的思想、行为以及心理情绪千差万别，令人难以捉摸；各种事物的形态、种类、关系等也常常变化无穷。管理时，无法用固定法则来应对千差万别的“人”和“事”，需要中层管理者拥有高超的管理手段。对待“人”，要懂得如何培养下属，如何维护员工的团队精神，如何调动员工的工作热情和自觉性，如何构建有凝聚力的企业文化。对待“事”，需要计划、组织、领导、控制、协调能力。中层管理者不仅要了解企业的大目标，制定部门目标，还要学会授权的方法，建立激励环境，调动员工的工作热情和积极性。

（4）职业风采。职业风采包括职业化素养、工作中沟通和交流的技巧、战略思维、政策把握、忠诚意识、时间管理能力等。

拥有政治理论修养，了解国家的宏观政策，这是一个中层管理者应有的政治素质。在工作中，沟通能力、主持会议能力、自我展示能力、时间管理能力等是一个中层管理者应具备的职业素质。中层管理者的素质高低在很大程度上影响其职业行为，一言一行都可能对员工产生影响。所以，中层管理者知行合一、发挥表率作用，可以提高自己的威望，使团队上下同心，提高工作效率。

2. 对中层管理者培训的要求

（1）要对企业目标、发展战略、未来规划有深刻认识。

（2）要实现权责统一，具备分析解决问题的能力，感召基层员工。

（3）要重视培训后的成效，辅导落地，将培训所学应用到实战中。

（四）高层管理者培训

高层管理者是企业对组织活动负全面责任的少数管理者，是企业的领航者，他们的决策代表企业的意志，决策的正确与否对企业的前途、命运有决定性影响。高层管理者主要关注企业的全局、长远发展以及良性发展，因此高层管理者的培训主要聚焦于思维更新与提升、业务经营模式、组织文化搭建、战略规划能力、决策能力、服务意识、资本运营能力以及投资决策能力等高级工商管理方面的内容。

1. 高层管理者培训内容

（1）与企业经营相关的法律法规知识，行业标准及国家利好政策。

（2）组织架构优化，人才开发与制度创新。

（3）行政专业知识、创新意识及分析解决问题能力。

（4）战略管理和科学决策方法。

（5）领导艺术、方法和技巧。

2. 对高层管理者培训的要求

（1）接地气，有干货。培训注重思维触动，以思维淬炼为核心，通过培训可以解决困惑，并能使所学内容在后续管理工作发挥正面、积极作用。

（2）能提升专业知识、业务素质，能增强创新意识，开拓思想。

（3）能提升符合企业风向标和企业发展的管理能力，全面提高管理水平。

（4）能锻造高层管理者的全局观念、长远眼光和大局意识。

第四节　选定培训方式和讲师

一、选择培训方式

（一）影响培训方式的因素

培训方式直接影响着培训目标和培训方向，培训方式因培训内容、培训对象的不同而不同，主要受以下几方面因素影响。

1. 企业的经济实力

企业组织培训活动就会涉及培训的投入，包括金钱投入、时间投入和精力投入等，又因为培训效果无法预知，且想要客观、科学地衡量培训效果非常困难，因此，企业更关注培训的投入产出比，以及员工的“学习与成长”这一考核指标。

2. 企业规模

培训从某种意义上来说，依托企业的支持，企业规模越大，在市场上的竞争力就相对较大，对于培训的需求和人才的需求就较大，就会把培训设定为一种常规工作。一般来说，大型企业都有系统的培训规划，定期采取不同的方式开展有针对性的培训活动。而中小型企业因为规模小，业务相对较少，往往是企业需要解决问题时才着手实施培训。

3. 企业发展战略和愿景

企业的发展目标是什么，企业需要什么样的人才和技术，这是每个企业都会考虑的问题。在企业不同的发展阶段，对于员工所需具备的知识、技能、能力的要求也不尽相同，因此，对于培训的选择也有所不同。如在企业的初创期，可能更多是专业领域知识及如何提高工作效率方面的培训；在企业的成熟期，会增加企业文化、理念认同，个人技能提升等方面的培训。

4. 培训周期

不同的培训方式所需要的时间长短也不一样，所以培训方式还受培训周期影响，企业要根据组织、员工及培训管理者能投入的时间确定培训周期，选择适当的培训方式。

5. 培训对象的数量

培训对象的人数也制约着培训方式的选择。培训对象人数多，对培训条件的要求就会增高，可选择的培训方式就越少、越单一。通常，培训对象人数不多的情况下，适合选择小组讨论法、情景模拟法或者角色扮演法；培训对象人数较多的情况下，可采用讲授法、研讨法。

6. 培训对象的特质

培训对象的特质包括培训对象的年龄、受教育程度、兴趣爱好等。对于年龄较大的培训对象，由于他们对于新兴事物接受程度不高，学习新知识的速度较慢，可以选择情景模拟法和讨论法，使其置身于模拟的场景或者通过畅所欲言的讨论来达到传递知识的目的；对于受教育程度低或者自制力较差的培训对象，可以选择直接指导法、角色扮演法等指导性强的培训方式，促使他们学习新知识、新技能；而对于受教育程度高、接受能力强的培训对象，可以选择讲授或者研讨的培训方式。

7. 培训的具体内容

不同类型的企业，对于培训重点关注的内容也不同。有些企业侧重员工管理、团队协作等人力资源管理方面的培训；有些企业侧重市场营销策划、市场研究分析、市场推广策略、品牌管理与营销等市场营销管理方面的培训；还有些企业侧重行业标准、法规政策方面的培训；等等。企业要结合内外部环境，根据企业的发展情况有针对性地选择培训内容。

（二）主要的培训方式及其优劣势

1. 直接传授型培训方式

直接传授型培训方式是现代企业广泛采用的培训方式，培训方法传统，培训流程成熟，适用于知识类培训，主要包括讲授法、专题讲座法和研讨法。

（1）讲授法。讲授法是最传统、最基本的培训方法，也是企业普遍采用的培训方法之一，指培训讲师按照培训前准备好的文案，以语言表达的形式向学员讲授，以达到培训目的的培训方法。讲授法主要适用于学员系统地接受理论知识、技巧等。

讲授法的优势在于对培训环境要求不高，平均培训费用较低，培训的内容系统、全面，培训对象较多也适用。但讲授法也有一定的局限性，比如内容枯燥且固定，传授过程缺乏互动等。

（2）专题讲座法。指针对某一个专题，利用师资优势，以讲座或者专题报告的形式向培训对象传递知识的方法。专题讲座法主要适用于管理类、技术类培训，目的在于帮助培训对象了解目前热点问题或掌握前沿的专业技术知识。

专题讲座用时往往较短，培训形式灵活，主题突出，可加深培训对象对知识的理解程度。但专题讲座的内容比较聚焦，要求培训对象须有一定的理论基础和分析问题的能力。

（3）研讨法。指培训对象在培训讲师的帮助下，围绕项目主题自主探索、交流沟通，参与问题解决过程的培训方法。

研讨法有利于培训对象积极参与讨论，提高阐述观点、独立思考和分析问题的能力，拓宽思路，了解或掌握新技能。但该类培训费用相对较高，对培训的准备工作要求也较高，因事先培训对象可能不知道研讨题目，存在研讨结果不佳的可能性。

2. 实践型培训方式

实践型培训方式侧重于对培训对象技能的培训，是在学习知识的基础上加以实践，做到理论联系实际，具有很强的实用性。实践型培训方式有工作轮换法、个别指导法、工作指导法。

（1）工作轮换法。工作轮换法又称轮岗，是指让培训对象在一段时间内通过有计划地在不同工作岗位工作，使培训对象得到不同工作岗位的工作体验，获得工作经验的培训方法。工作轮换法一般适用于直线管理人员，不适用于职能管理人员。

工作轮换法可丰富培训对象的工作经验，使培训对象明确自己的长处和短处，为职业生涯规划提供参考，但可能会增加管理人员的工作量，且有可能使其无法在某个领域深耕。

（2）个别指导法。个别指导法也称师徒培训法，是企业采用类似"师傅带徒弟"的形式，通过让经验丰富的员工作为"师傅"，指导新员工掌握工作技巧，使新员工尽快进入工作角色的培训方法。

个别指导法可缩短新员工的摸索期，使新员工迅速掌握岗位知识和技巧，融入团队，有助于工作的开展。但其也存在指导者将不好的工作习惯传递给新员工，或指导者担心自己的地位受到威胁，有意保留经验、技术等，造成指导沦为形式，从而影响培训效果。

（3）工作指导法。工作指导法又称教练法或者实习法，是培训对象所在部门的主管领导或者指定的在该岗位有丰富经验的员工（代训人）对培训对象进行培训的方法。工作指导法应用广泛，适用于生产工人、流水线作业人员等。

工作指导法有利于指导人员与培训对象及时沟通，有利于后期工作的开展，但对指导人员要求较高，要求指导人员熟悉工作岗位及工作流程，有较强的专业技能和语言表达能力，对学员耐心负责。

3. 参与型培训方式

参与型培训方式通过培训对象亲身参与，充分调动培训对象的积极性、互动性，开拓思路。参与型培训方式包括自学法、案例研讨法、敏感性训练法和头脑风暴法等培训方式。

（1）自学法。自学法顾名思义就是自主学习的方法，是培训对象借助书籍等纸质媒介或电子媒介，开展自主学习，获取知识的培训方法。自学法适用于多种知识领域或者多类型群体。

自学法应用范围广，费用低，不受时间、地点的限制，对学习条件要求不高，具有方便快捷的特点。但在自学的过程缺少与他人的交流互动，形式单调乏味，有可能对培训效果产生影响，对培训对象的自主性要求较高。

（2）案例研讨法。通过向培训对象提供典型的、特定的案例，让其寻找合适的解决方法，使培训对象在案例分析、辩论中集思广益，共享经验及意见，达到培训的目的。案例研讨法广泛用于管理人员或专业人员的培训。

案例研讨法具有参与性和互动性，易于提高培训对象的交流、表达能力。但是这一培训方法对案例的要求较高，案例要紧密结合企业日常的生产经营活动，最大限度地还原企业的现状，无效的案例会直接影响培训效果。案例编写费时费力，有一定的难度，还需要培训讲师对企业有深入的了解，对案例有较好的处理能力。

（3）敏感性训练法。敏感性训练法也称互动小组法，是让培训对象在培训活动中亲身体验，通过体验来改善自己的行为，提高处理人际关系的能力。该方式多用于管理人员的人际关系与沟通训练的培训中。

敏感性训练法可明显提高培训对象的理解和沟通能力，但培训对象在培训过程中也有可能产生从众心理。该训练法的培训效果在很大程度上依赖于讲师的水平。

（4）头脑风暴法。头脑风暴法是让培训对象在培训的过程中针对培训议题积极思考，展开充分讨论，在思维碰撞中激发创意、思路的方法。

头脑风暴法可营造出畅所欲言的氛围，使培训对象产生发散性思维，可启发培训对象更多的灵感和新思想，但在培训的过程中对成本控制（时间和费用的控制）等方面的要求较高。

二、选择培训讲师

当企业的管理者发现员工的素质、能力不能满足企业发展的要求时，管理者常常选择通过培训来改善这一状况。在企业培训中，培训讲师是培训的具体执行者和指导者之一，培训讲师的能力、水平的高低对培训结果来说至关重要。通常，能否选择到合适的培训讲师直接关系到培训结果的好坏。

（一）培训讲师的来源和分类

（1）按照隶属关系，分为内部讲师和外聘讲师。

（2）按照专长，分为技能型讲师、技术型讲师、管理型讲师、营销型讲师及其他专长讲师。

（3）按照职业，分为专职讲师和兼职讲师。

（4）按照等级，分为实习讲师、初级讲师、中级讲师和高级讲师。

（5）按照国籍，分为国内讲师和国外讲师。

（6）按照风格，分为严谨务实型讲师和激情表演型讲师等。

（二）选择培训讲师的步骤

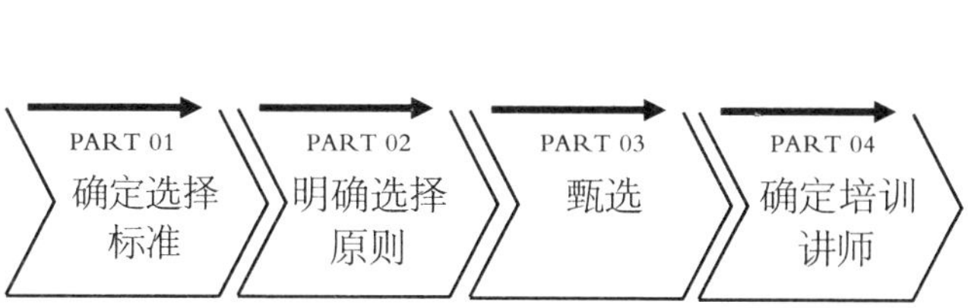

图 8-2　选择培训讲师的步骤

1. 确定选择标准

（1）实战经验。培训讲师要具备丰富的专业知识和很好的沟通交流能力，能将理论知识融入企业实践中，帮助企业解决问题。

（2）授课效果。培训讲师要有控场能力，善于调动、活跃培训氛围，能灵活运用多种培训方式，能与培训对象适当互动，使培训达到最佳效果。

（3）授课能力。培训讲师要具有较强的表达能力和引导能力，授课时思路清晰连贯，所授知识和技能具有实用性和先进性。

2. 明确选择原则

（1）选之以优。无论是选择内部讲师，还是聘请外部讲师，适合的才是最好的。

（2）取长补短。选择培训讲师时，不能只看讲师的学历背景、授课经验和培训水平，还要考虑培训讲师擅长的领域及培训方向，取讲师的长处来弥补企业的不足之处。

图 8-3　选择培训讲师的原则

（3）公平公正。无论是内部选拔，还是外部遴选，考察时要做到公平、公正。

3. 甄选

企业要清楚地知道自己有哪些培训需求，这些培训分别需要什么样的培训讲师，在选择培训讲师时不能只看讲师的学历、培训水平、培训费用，还要看培训讲师擅长的领域、培训风格等。甄选培训讲师时主要从以下几方面着手。

（1）调查讲师背景。主要调查讲师的资历、学历、职务等。

（2）考察讲师能力。一般通过试讲对培训讲师的表达能力、逻辑思维能力及判断分析能力等进行考察。

（3）审查培训大纲。培训大纲是培训内容的精髓，对培训大纲进行审查，可以了解培训讲师的培训课程内容与企业培训目标是否相符。

4. 确定培训讲师

企业培训课程和培训时间确定以后，负责培训工作的人需与培训讲师再次联系，核实培训讲师的时间安排，提前审核培训课件，针对培训细节与培训讲师进行深度沟通、交流。

第五节　安排培训课程

企业要想提高员工素质及企业整体的业务水平，保障企业的可持续发展，就必须实施有效、可行的培训活动，这就需企业确定培训目标以后，根据培训目标选定培训内容，设计相关培训课程。安排培训课程，是对培训内容进行逻辑性构思，对培训课程进行合理安排，确保培训体系完整，培训的实施合理有序。

一、培训课程安排原则

1. 实用性原则

企业的培训要力求解决员工在工作中存在的实际问题，让员工学有所用。企业要针对日常工作中的突出问题、普遍问题，结合企业及员工的具体要求，增加实用性培训的比例。

2. 可行性原则

安排培训课程要考虑时间、资金及培训内容的可行性等问题。第一，要把握好培训的课时，充分利用有限的时间向员工传授知识、技能等，降低因培训造成的误工成本；第二，兼顾员工的素质和企业资金能力，做好培训预算，安排必要的课程以达到培训效果，减少不必要的培训成本；第三，培训内容遵循可行性原则，传授的知识、技能要严谨，在实际的工作中可运用。

3. 代表性原则

安排培训课程时要充分考虑企业的特点及企业所处行业的形势，培训课程不能事无巨细地解决企业面临和存在的所有问题。同样，企业为了效益最大化，也不可能针对同一问题反复安排同类不同培训课程，而是针对突出性、普遍性问题安排有代表性的培训课程。

二、培训课程安排

培训课程安排具体包括培训时间、地点、主题、内容、形式及讲师等信息。培训课程安排示例如表 8-1 所示。

表 8-1 培训课程安排

时间	课程内容	形式	课时	讲师	地点
× 月 × 日	商务礼仪训练				
× 月 × 日	沟通技巧				
× 月 × 日	营销相关法律知识				
……	……				

第九章 新员工入职培训方案

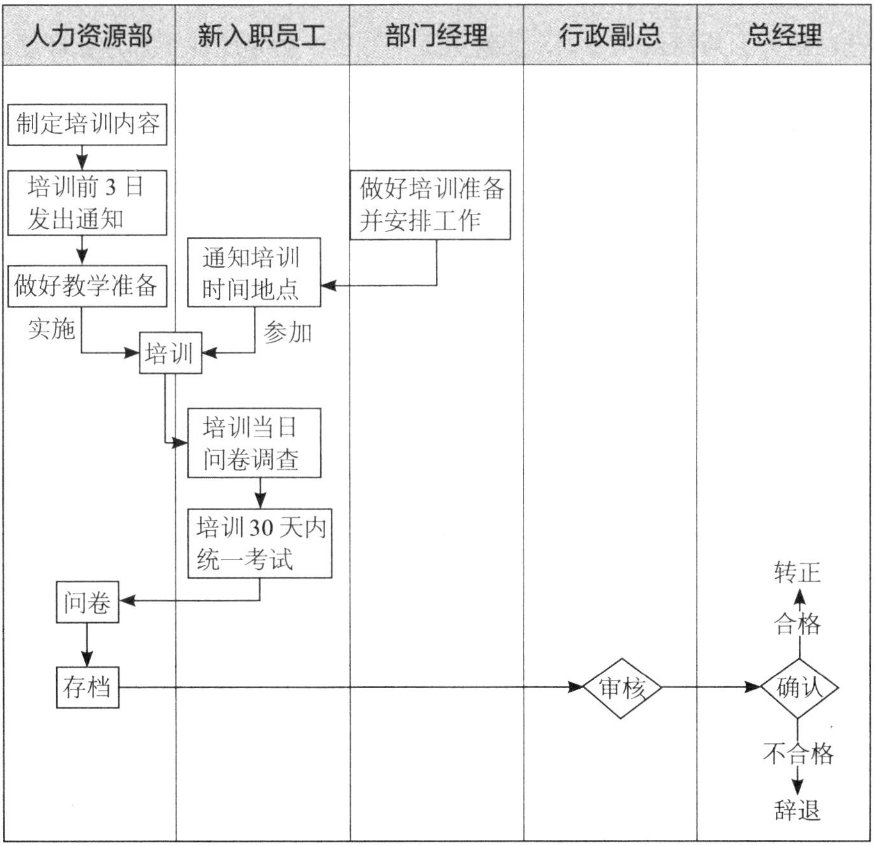

图 9-1 新员工入职培训流程图

第一节 新员工入职培训的作用与内容

一、新员工入职培训的作用

大部分新员工入职时并不具备完成规定工作必需的知识、技能等，企业需要通过开展一系列新员工培训来提升新员工的工作绩效。企业通过对新员工开展入职培训，使新员工全方位、多角度地了解企业环境、员工构成、企业的规章制度等，并提升新员工的工作积极性和主动性，让新员工能更好地融入企业，认同企业文化，坚定自己的职业选择，规划自己的职业发展等。

新员工入职培训的作用体现在企业和员工个人两方面，企业应以以下作用为导向开展培训。

1. 对企业的作用

（1）使新员工尽快适应工作环境，融入企业文化，提高工作效率。

（2）增强员工的稳定性，降低员工的流失率。

（3）展现清晰的岗位职责及企业对员工的期望。

（4）消除新员工面对陌生环境时的焦虑，减少员工的负面情绪。

（5）为企业的人才储备和发展提供保证。

2. 对员工个人的作用

（1）熟悉企业的文化、价值观、工作环境、行为准则、岗位情况。

（2）提升自身的知识和技能水平。

（3）了解企业发展路径，明确自己的职业发展方向和目标。

二、新员工入职培训内容

（一）企业概况

介绍企业概况、经营模式、组织框架及人员构成、企业文化及愿景、企业大事记、企业未来规划等。

（1）企业概况：对企业情况的介绍，包括企业的筹建情况，企业的注册资本和股本情况，企业发展程度，企业主营业务等。

（2）经营模式：企业是销售型、生产（代工）型、设计型、信息型单一化经营模式，还是销售 + 设计型、生产 + 销售型、设计 + 生产型、设计 + 生产 + 销售型等多元化经营模式。

（3）组织框架及人员构成：介绍企业的领导层、中层管理者以及各有关部门，使员工了解各部门的职能，了解部门间信息沟通渠道。

（4）企业文化及愿景：介绍企业独特的价值观、理念、标识等。

（5）企业大事记：介绍企业从成立至今，以时间轴为主线，发生的重大经营活动。

（6）企业未来规划：介绍企业未来发展趋势和战略方向。

（二）与企业的工作制度有关的内容

介绍企业的规章制度，其中，两类制度是培训的重点：一类是规范员工行为的，如财务报销制度、合同管理办法等，使员工能在工作中自觉遵守规章制度，按照企业制定的规则、标准、流程开展工作；另一类是关系员工切身利益的，如考勤制度、薪酬构成、试岗与转正、员工福利、劳动合同、竞聘上岗制度等，在保障员工自身利益的同时确保企业稳定运营。

（三）员工规范

员工规范是企业长期经营中逐渐形成的全体员工共同认可并遵循、维护的经营理念、价值观念和行为准则，它是一种影响员工思维的力量，用来约束、规范、引导或激励员工的行为。主要包括以下几方面。

（1）行为规范。

（2）工作规范。

（3）着装礼仪。

（4）接听电话规范。

（5）会议规范。

（6）办公区禁烟规定等。

（四）岗位职能

岗位职能是对岗位的工作性质、目标、所承担的具体工作职责及需要达成的结果的高度概括。对新员工进行岗位职能培训，讲述各岗位的责、权、利，目的是让新员工了解自己工作的职责范围，让新员工做事有章可循，知道在工作中哪些可做，哪些不可做，让新员工对工作心存敬畏。

第二节　新员工入职培训计划的制定与实施

一、确定新员工入职培训计划

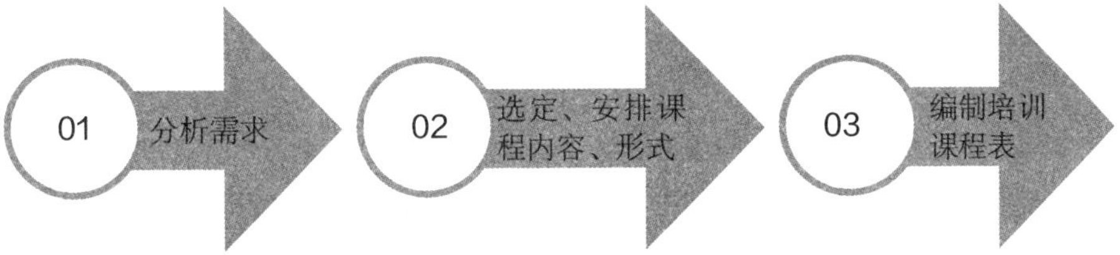

培训需求

※ 企业层面
※ 岗位层面
※ 员工个人层面

培训形式

※ 讲授法
※ 视听讲解
※ 师带徒
※ 现场参观法
※ 个人作业法

培训内容

※ 企业概况
※ 企业规章制度
※ 员工规范
※ 岗位职能

图 9-2　确定新员工入职培训计划流程

企业的人力资源部要有详细的培训计划，在新员工入职以后，通过初期培训，使其尽快进入工作角色。

新员工入职培训计划的制定建立在对培训需求已进行科学分析的基础之上。

（一）从三个角度分析新员工的入职培训

1. 从企业层面分析

主要分析企业所处的市场环境、企业自身以及竞争对手。

首先，要对企业所处的行业、市场进行分析。知晓企业所在行业的大环境和相关的国家政策，了解现行的行业标准及规定，企业在行业的地位以及企业的产品在市场中的定位等。这样，在新员工入职培训中能使新员工对本企业在行业大形势下的现状和发展有所了解。

其次，要对企业自身进行分析，针对企业文化、经营理念、企业的核心价值观及组织架构，仔细分析这些元素对新员工的影响。

最后，分析企业的竞争对手，通过与竞争对手软硬实力的对比、分析，准确找到差距和原因，在新员工入职培训中加大该方面的培训。

2. 从工作岗位层面分析

对新员工入职的工作岗位职责、任职资格及胜任条件进行分析，分析新员工应该和想要达到的工作目标，员工完成工作业绩需要具备的知识、技能和素质。

3. 从新员工自身层面分析

了解新员工的基本情况，如社会背景、工作阅历、学历水平等，将新员工现有水平与岗位任职资格进行比照，分析两者之间差距，了解新员工要达到胜任工作所需的工作技能等。除此之外，新员工一般都想更快地融入集体，希望得到同事、领导的认可或赏识，希望为自己的职业发展寻找机会。

新员工入职培训计划制定的基本流程：由人力资源部根据企业入职培训大纲，根据新员工的规模等确定入职培训的时间，拟定培训方案，形成新员工入职培训计划。新员工入职培训计划由人力资源部牵头编制，人力资源部部门经理确认审批后，与其他相关各子公司、各部门领导沟通确认，各子公司、各部门领导对新员工入职培训计划给出意见反馈，均无异议后可正式发送新员工培训通知。

（二）新员工入职培训计划的内容构成

1. 明确培训目的

新员工入职培训是为了加强员工招聘与入职工作这两方面的协调性，确保新招聘到的员工快速适应工作。培训目的不仅决定了培训课程、培训方式，还是培训考核和评估的依据。

2. 确定培训对象

企业新入职的员工。

3. 确定培训周期

人力资源部根据企业入职培训大纲，确定新员工入职培训周期。

4. 选定培训方式

新员工入职培训通常包括岗前培训和岗位培训。岗前培训由人力资源部采用集中的形式实施培训活动；岗位培训由新员工入职部门根据该员工所在岗位要求的技能对其进行针对性培训。主要有讲授法、视听讲解法、师带徒法、现场参观法、个人作业法等。

5. 选择培训教材

包括企业的规章制度、员工手册、消防安全知识、企业员工应知应会手册等。

6. 选择培训讲师

选择合适的讲师。

7. 编制培训课程表

培训课程表是培训的具体时间安排。新员工入职培训课程表是将全部入职培训课程按照逻辑顺序分成若干个有联系、有逻辑的单元，比如，将通用类知识和专业类知识等大类内容进行细分，将其细分为有明显逻辑关系的小类，按照时间顺序逐一向新员工讲解。

表 9-1 为新员工入职培训安排示例。

表 9-1　新员工入职培训安排示例

时间	纲要	具体内容	作用	主讲人	备注
9:00—9:05	领导讲话	员工激励	让新员工感受到公司高层领导的重视	×××	创始人，也可以是让公司所有人引以为傲的人物
9:05—10:05	上课	新员工入职培训	让新员工了解入职的相关手续和注意事项	×××	地点：××室，使用投影仪，人手一份入职导读和培训流程
10:05—10:25	上课	企业文化	让新员工第一时间了解公司大致情况	×××	充满传奇的奋斗史的精彩再现
10:25—10:35	课间休息	上洗手间，在培训室周围自由活动	消除疲劳，缓解上课气氛	×××	说明洗手间位置，提示下课纪律等
10:35—11:25	上课	组织架构、规章制度	让新员工了解组织架构和各部门的职能，公司的规章制度	×××	强调与员工息息相关的制度
11:25—11:35	上课	员工试用期转正事宜	让新员工能更加积极地工作，争取提前转正	×××	如何办理转正，试用期如何考评，考评结果与工资的关系
11:35—11:55	上课	公司代理品牌的讲解	让新员工了解公司代理品牌的特点和相关情况	×××	播放相关幻灯片，也可以和新员工进行简单的互动、沟通，看新员工对公司品牌的了解程度

二、实施新员工培训计划

培训计划制定完成后，实施培训计划至关重要。

（一）实施新员工入职培训计划时的注意点

（1）培训内容应有针对性、实用性。设计培训内容时，应充分分析企业和新员工的培训需求。从企业角度，分析企业对新员工的要求；从新员工角度，把个人需求同企业需求、岗位要求结合起来，明确培训的目的，确定培训的切入点与具体内容。

新员工入职培训的目的是解决新员工的焦虑与疑惑，向新员工传递“是什么”“为什么”“怎么做”等信息，培训内容要突出针对性和实用性。

新员工入职培训既要向新员工灌输上述内容，也要搭建企业与员工双向沟通的平台，向新员工传递相互成就、共同发展的观念，培训内容要注重企业文化，塑造新员工主人翁意识。

（2）选择合适的讲师。好的培训讲师可以使培训工作事半功倍，并直接影响新员工入职效果。在选择讲师时要重点了解讲师的擅长领域，要用人所长，选择适合本企业的讲师。

（3）培训通知中要讲明培训的整体信息，便于新员工做好培训准备，让新员工提前了解培训课程，结合自己的需求调整听课重点。

（4）做好培训前期准备。提前安排好培训的时间、地点及所需资料、教具等。只有将培训的准备工作安排得充分、到位，培训实施起来才更顺利，才能让培训效果达到企业预期，甚至达到最佳。

（5）收集、保存并完善新员工入职培训的相关资料。培训课程结束不代表培训工作完成，对培训的总结、整理工作也同样重要。建立企业培训档案、员工个人培训档案，让新员工的入职培训有相对完整的记录，也是企业对入职培训进行评价和考核的重要一环。

企业培训档案包括：培训审批表、培训实施记录表、培训签到表、培训反馈表、培训评估结果等相关资料。

员工个人培训档案包括：个人学历资料、培训考核结果等。

（二）新员工培训实施流程

（1）人力资源部根据新员工培训计划确定入职培训方案，编制新员工培训课程表。

（2）人力资源部与财务管理部做出新员工入职培训费用申请，负责安排培训场地及确定讲师等，协调各子公司或各部门，组织新员工按时参加入职培训。

（3）培训当日，人力资源部组织新员工签到，协助讲师使用培训设备和教学多媒体，发放相关培训材料。

（4）培训结束后，人力资源部负责对新员工入职培训效果进行评估与跟踪，向新员工发放《新员工入职培训反馈意见表》，广泛征求新员工的意见和建议。

（5）对收集的反馈信息进行汇总、分析，对入职培训效果进行评估，将评估结果以报告的形式报请企业领导审阅。

（6）建立培训档案，整理培训期间的有关材料，检查培训材料的完整性，对入职培训材料留存并归档。

第三节　新员工入职培训效果评估

一些中小企业在实施新员工入职培训后，缺少对培训的反馈环节，这样，就不了解新员工对培训内容掌握了多少，无法确定培训是否存在问题，使今后的培训工作难以有针对性地改进、完善。

为了圆满完成新员工入职培训，就要对培训效果进行跟踪、了解。可以通过讲师与新员工面对面的交流、互动，检验培训效果；人力资源部可以让新员工填写《新员工培训反馈意见表》，了解新员工的满意度，收集新员工的意见和建议；可以让新员工提交考核总结，清晰判断新员工对入职培训内容的掌握程度。

企业建立完善的培训效果评估体系，会使企业的培训工作越来越有效，推动企业与员工的互利互惠。

对新员工的入职培训效果进行评估，一方面，可以让新员工了解自己的优势和劣势，为踏上工作岗位后改善工作状况提供依据，以在工作中发挥最大的优势和价值；另一方面，可以让企业了解此次培训是否达到预期目标，为下一次新员工入职培训提供参考。

具体评估的整体流程如图 9-3 所示。

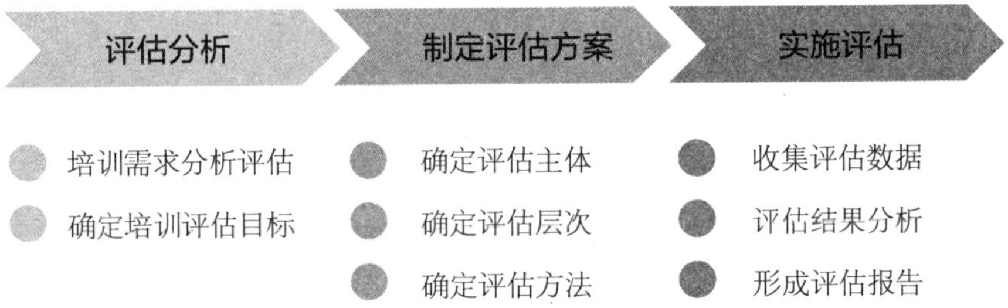

图 9-3　培训效果评估流程图

一、确定新员工入职培训评估指标

入职培训评估指标对入职培训课程设计、过程实施都具有指导作用。评估时，要把抽象的培训评估目标具体化。

入职培训常用的评估指标主要有以下几个。

1. 入职培训组织评估

一般包括培训资料准备是否充分，场地安排是否适宜，时间安排是否合理，培训期间后勤保障是否到位，培训质量是否有效，培训秩序是否井然有序。

2. 讲师满意度评估

一般包括培训内容是否丰富实用，培训方式方法是否得当，授课形式是否新颖活泼，教学态度是否积极认真，以及讲师的专业水平和责任心。

3. 入职培训掌握度评估

一般包括新员工对于培训内容的理解程度，新员工获得的业务知识以及能力的进步在实际工作中的应用和体现。

4. 入职培训后期转化跟踪

也就是培训中所学内容对新员工个人职业发展的影响，即在一定周期内，培训成效能否在新员工的工作中体现并维持，培训内容是否被新员工学以致用。

二、新员工入职培训评估数据的收集

进行新员工入职培训评估时，人力资源部需要收集入职培训执行前后的相关信息，要在培训前确定评估数据收集渠道，也就是要提前确定通过什么方式进行评估信息的收集，是采用观察法、问卷调查法，还是测试法。

1. 观察法

入职培训结束一段时间内，新员工进入工作岗位，人力资源部通过观察，对比新员工接受培训前和培训后在工作行为、态度方面的改变以及对工作业绩的贡献，从不同维度收集信息，客观分析入职培训对新员工所起的作用。

2. 问卷调查法

人力资源部事先设计好调查问卷，组织新员工参与问卷调查。调查问卷中的内容包括：培训时间安排是否得当，培训讲师师资是否充足，培训内容是否实用，培训是否对工作有所帮助等。

3. 测试法

培训管理者或者讲师以考试出题的形式检测新员工掌握培训知识的程度，对入职培训进行评估。

三、评估新员工入职培训效果

为客观呈现新员工入职培训效果，人力资源部可多方收集对新员工入职培训的评价，从以下几个维度对新员工入职培训效果进行评价。

1. 重点关注培训的有效性

考察新员工对各类入职培训内容的掌握程度。不同类别的培训内容可采用不同的考核方式。

（1）理论性培训内容重在传授知识，可以通过考试的方法收集员工掌握情况。

（2）操作性培训内容重在体验和感受，以上手实操为主，可以通过观察法记录新员工的表现。

（3）研讨性培训内容重信息交换，可以通过提交培训心得、培训总结等形式评价新员工对培训内容的掌握情况。

2. 对培训的组织过程进行评估，全力改善入职培训

企业管理者要重视新员工入职培训工作，从而潜移默化地影响员工对入职培训的重视程度。企业的资源、设备、场地等多向新员工入职培训活动倾斜。培训结束后，人力资源部发放培训组织工作评估表，让参加培训的新员工对培训组织工作进行评估。通过收集到的新员工的意见和建议，不断改善入职培训组织工作。

3. 对讲师的满意度进行评估，优化入职培训

对讲师进行满意度评估，既包括培训管理者对培训讲师的满意度，也包括新员工对讲师的满意度。这样做，一方面可以激励讲师对入职培训认真负责，保障培训课程的质量；另一方可以了解新员工的心声，发现入职培训的不足，进而改善或改进。

4. 对培训后期进行跟踪，对培训成果转化进行评估

在新员工结束入职培训后的一段时间内，培训管理者、新员工所在部门的负责人要密切关注新员工的表现，对新员工的入职培训效果及工

作表现采取科学的评估方法，跟踪培训效果，促使新员工将知识、技能等培训内容真正转化为生产力，为企业创造效益，使培训的投入产出比达到最优。

四、新员工入职培训评估报告的撰写

新员工的入职培训评估报告是人力资源部在完成对培训前、中、后各个环节的评估后，向企业管理者提供的关于新员工培训情况和培训结果的综合性文件，目的在于对新员工的入职培训效果做出评估并做出相关解释，反馈给有不同需要的人。

评估报告应及时反馈给以下 5 类人员。

（1）企业领导层。培训评估的目的之一就是为领导做决策提供依据。根据新员工的入职培训评估，了解新员工的整体素质情况及入职培训对企业的价值和意义，便于企业未来就培训项目做出有关决策。

（2）培训管理者。他们需要根据评估信息改进培训方法，优化培训流程，完善培训管理工作，提升培训质量。

（3）新员工。新员工关心自己的培训成绩评定及结果，以便今后将自己的工作业绩进行纵向、横向比较，分析存在差距的原因，为今后个人成长提供动力。

（4）新员工所在部门负责人。通过新员工的入职培训评估，了解新员工的知识、技能、素质水平，便于日后更好地统筹安排部门所需的专业技能培训等。

（5）讲师。通过了解新员工对自己所讲内容的理解、消化和吸收程度，结合企业对培训效果的期望，为下一次培训提供更优质的服务。

第四节 实务工具——培训方案样例（模板）

××公司新员工入职培训方案

第一条 目的

新员工是公司的新鲜血液，为维护新员工的利益，规范新员工的行为，使新员工了解公司的企业文化及情况，熟知公司各部门职责、岗位工作程序、内容，增强部门沟通与协调合作，快速胜任工作岗位，以满足公司业务进展及公司发展需要，将合适的人用在合适的岗位上，特制定本方案。

第二条 培训对象

公司新入职人员。

第三条 培训目标

1. 公司级培训：公司组织人力资源部相关负责人对新入职员工进行到岗培训，对公司的企业文化、组织架构、规章制度、业务板块进行介绍，帮助员工对公司整体情况进行了解。

2. 部门级培训：各部门整理部门级培训计划及培训教案，逐渐形成系统的部门培训体系，并结合实际工作调整并完善。

第四条 培训要求

1. 成立培训工作组委会

培训工作组委会由公司领导班子、各部门负责人组成。

2. 培训内容及时间确定

人力资源部负责与各部门进行沟通，汇总各部门《培训计划单》。

3. 草拟具体培训方案

人力资源部按照各部门的培训计划单，综合汇总后填写《新进员工培训表》，经培训工作组委会一致同意后，组织开展培训。培训内容和步骤如下。

第一步　岗前培训。①公司简介（基本概况、公司组织架构、公司规章制度、企业文化）；②介绍公司同仁（公司领导、各级主管等）。

第二步　岗位培训。新员工按照培训计划到岗接受培训。培训主体部门按照培训计划开展本部门对新员工的培训指导工作。

第三步　培训结束。培训主体部门应及时将《新员工培训期内表现评估表》上交人力资源部保管；新员工应于 2 日内将培训心得及《新进员工培训表》一并交由人力资源部；人力资源部建立完整的新员工培训档案，综合各部室评估意见，填报《新员工培训评估表》，并对员工试岗情况提出合理化建议，报培训工作组委会审批。

第五条　培训时间

第一阶段，由公司进行集中培训，起始时间为新员工入职后的第一周。第二阶段的培训，从新员工集中培训结束后开始，为期 1~3 个月。

第六条　培训实施

1. 新员工入职培训具体由人力资源部组织实施，其他部门予以配合。

2. 人力资源部负责安排并通知培训讲师。

3. 培训内容。

培训内容一览表

培训部门	培训时长	培训内容	培训教师	培训方式	备注
公司集中培训	1小时	公司概况：主要介绍公司的经营理念和发展状况，公司愿景，公司的组织架构、管理体系和各事业部职能，公司的经营业务和主要产品，公司在同行业中的竞争力状况		集中培训	具体时间由人事部门安排并通知培训讲师
	1小时	公司文化：公司价值观，公司战略，公司道德规范培训管理		集中培训	
	2小时	公司各项规章制度：薪酬体系、聘用制度、培训制度等		集中培训	
	2小时	安全生产管理		集中培训	
	2小时	……		集中培训	
	2小时	……		集中培训	
	2小时	……		集中培训	
用人部门培训	2小时	岗位介绍与要求，单位管理程序与规章制度		集中培训	具体时间由用人单位（部门）安排
	2小时	安全操作规程与注意事项		集中培训	
	2小时	熟悉单位工序与同事		集中培训	
	2小时	本工序影响产品质量的因素及注意事项		集中培训	

4. 培训考核。

培训后由人力资源部组织用人部门对培训对象进行综合考核与评价。理论考试结果占综合评价结果的 20%，试用期员工评价占综合评价的 80%。

集中培训后进行理论知识闭卷考试，具体由人力资源部组织实施。

工作态度与职业品德评价，具体由人力资源部和用人部门进行评价，以用人部门评价为主。

第七条　培训管理

由公司人力资源部负责统一规划与管理。

第八条　本方案的制订与修改由人力资源部负责，其修改权、最终解释权归人力资源部所有。

第九条　本方案经董事长审核批准，自颁发之日起实施。

第十章 管理人员培训方案

第一节 中层管理人员培训方案

中层管理人员作为企业的中坚力量，起着决策和执行之间的桥梁和纽带作用，中层管理人员的培训重点在于开发中层管理人员的管理能力和业务能力，发掘其个人潜能，打开其思维和格局，加深其对企业管理的理解，化知识和能力为行动，提振团队士气，增强团队凝聚力，从而提升企业的整体绩效。

对于中层管理人员进行培训的主要目的如下。

（1）助力中层管理人员适应不断变化的环境，清楚了解企业的经营目标和方针，了解企业文化和价值观。

（2）助力中层管理人员持续进行自我发展，明确作为中层管理人员应具备的知识、技能和思维理念，为晋升更高层级做准备。

（3）助力中层管理人员掌握有效的激励手段和授权方法，学会知人善用，能激励员工提升能力，打造有凝聚力的团队。

实施中层管理人员培训方案包括以下几个步骤。

一、分析培训需求

分析培训需求是设计培训方案的重要环节，是进行培训规划、开展培训和培训效果评估的基础。一般从组织、任务、人员 3 个层面对中层管理人员的培训需求进行分析。

1. 从组织层面进行培训需求分析

从组织层面进行培训需求分析，是从企业战略的整体角度分析中层管理人员的发展与企业发展目标一致需具备的知识和能力，分析企业经营现状及企业遇到的问题。高效的企业发展、强健的业务增长、具前瞻性的经营规划对中层管理人员的能力和素质提出了更高的要求，要使中层管理人员将素质和能力内化为行动，激发企业活力，提升企业的团队协同作战能力等。

2. 从任务层面进行培训需求分析

从任务层面进行培训需求分析，是从中层管理人员的岗位职责这一角度分析中层管理人员的工作内容，如年度及月度部门计划的制定、工作任务的分配、问题的解决、部门间的沟通协调、撰写各类报告等，确定中层管理人员在日常工作中需具备的能力，从而确定由培训可以提升的中层管理人员完成工作的哪些能力。

3. 从人员层面进行培训需求分析

从企业中层管理人员的自身需求出发，分析其自身具备的知识、技能，将其个人职业生涯规划与企业战略发展目标相结合，设计出有针对性的培训方案。

二、设置培训课程

（一）中层管理人员培训原则

1. 针对性原则

必须建立在对中层管理人员的培训需求准确分析的基础上，坚持“缺什么，补什么”的原则，结合企业战略发展目标及岗位职责，科学、合理地确定培训内容。

2. 实用型原则

企业在对中层管理人员实施培训的过程中，应注重培训的实用性和适应性，使培训做到“学以致用”，培训内容讲求实用精练，有针对性地解决中层管理人员在部门管理、业务开发和提高工作水平等方面存在的欠缺之处。

3. 超前性原则

中层管理人员的培训要从提升中层管理人员知识和技能入手，培训内容的设置既要考虑企业目前的经营状况，又要有长远规划，使中层管理人员今后能够轻松应对工作中遇到的各类问题。

4. 个性化原则

每个中层管理人员都是独特的存在，因为岗位职责不同，对培训的需求也不同，这就需要人力资源部在设计培训内容时，要根据中层管理人员的不同特点，设定个性化的培训课程。

（二）中层管理人员的培训课程设置

1. 经营与管理

透视企业经营与管理的重点和难点，剖析企业各管理职能，培训课程要设置业务管理类内容，包括项目管理、会议管理、组织管理、成本管理及人力资源管理等。

2. 思维与视野

剖析企业的内外部环境，明确企业的基本战略目标和基本经营方针，使中层管理人员领悟个人与企业的关系，对标优秀企业，学习先进思想，借鉴成功经验，开阔眼界，拓宽思路。

3. 决策与执行

因为中层管理人员既要领会上级的决策意图，又要贯彻落实上级的工作部署。企业的战略与发展规划的落实，关键在于战术决策和业务决策的执行，这就需要在培训课程中安排提升任职能力、创新管理、语言艺术等方面的内容。

4. 培养下属与管理团队

“现代管理学之父”彼得·德鲁克曾经说过：“企业成功靠的是团队，而不是个人。”中层管理人员要平衡好“管事”与“带人”这两种角色，既要能处理工作中的各种问题，也要具备管理团队的能力。培训课程可以安排组织行为学、团队管理、有效授权等内容。

以某银行中层管理人员为例，来了解中层管理人员培训课程设置等信息，如表 10-1 所示。银行中层管理人员的培训课程以目标管理等能力维度为重点，课程内容涵盖但不限于目标管理、风险管理、银行管理、团队管理、激励员工、培养下属、公文写作等方面内容。

表 10-1　中层管理人员培训内容

序号	能力维度	培训课程
1	目标管理	管理与实践
2	风险管理	银行风险管理制度、银行风控专业知识
3	银行管理	业务理论知识和技能
4	团队管理	团队写作与管理沟通技巧
5	激励员工	领导力提升
6	培养下属	储备力量管理
7	公文写作	媒体报道写作指导，公文写作规范

事实上，不同行业、不同企业的培训课程的体系与内容均有差异，企业可根据行业、自身实际情况设置有针对性的培训内容，其目的只有一个：让培训对中层管理人员产生一定的助力作用，使中层管理人员在企业经营管理中发挥切实有效的作用。总的来说，企业更关注中层管理人员的胜任力提升，为的是培养高素质、有担当、善于分析和思考的中层管理人员。

三、确定培训形式

对于中层管理人员的培训，企业不应再采用传统的“填鸭式”培训方式，而应灵活运用多种培训方式，将线上和线下培训相结合，将理论讲授、行动学习、翻转课堂（原指调整课堂内外的时间，将学习的决定权从教师转移给学生，在本书中指强调受训者主动参与、自主学习）、沙盘演练、案例分析等多种培训方式运用到企业中层管理人员的培训中，尽可能提升学员的学习效率和吸收效果。

表 10-2 为不同培训课程分别匹配的不同培训方式。

表 10-2 不同培训课程匹配的不同培训方式

课程类型	培训方式
基础素养打造	理论讲授、工作实践
自我能力提升培养	理论讲授、案例分析、工作实践、沙盘演练
团队管理能力培养	理论讲授、案例分析、翻转课堂、行动学习
高阶段领导能力修炼	理论讲授、案例分析、翻转课堂、行动学习

四、培训效果评估

培训效果评估是分析、判断培训效果是否达到培训目标的手段。对于中层管理人员的培训效果，主要从能力提升、组织行为、企业效益 3 个维度进行评估。

1. 能力提升

中层管理人员参加完培训，要评估其在学习理念、知识水平、管理水平、解决问题能力及知识应用能力等方面的改变和提升程度，判断中层管理人员参加此次培训的效果。

2. 组织行为

对中层管理人员在培训后的工作行为进行跟踪，观察中层管理人员所在部门的工作效率、产品或服务质量情况，判断中层管理人员是否将学习成果运用和转化到实际工作中。

3. 企业效益

借助绩效、生产力、客户满意度或投诉率等量化指标，分析中层管理人员解决突发问题的能力，以及组织、统筹规划的能力等，测定培训效果。

五、实务工具——培训方案样例（模板）

××企业中层管理人员培训方案

企业的中层管理人员，一般是企业的部门部长、副部长（负责人）、高级技术人员等，中层管理人员作为企业的中坚力量，起着决策和执行之间的桥梁和纽带的作用，是一个团队的“领头羊”。中层管理人员的素质和管理水平直接影响企业的凝聚力，关系到企业的执行力，与企业的生存发展息息相关。针对本企业中层管理人员量身定制培训方案，旨在强队伍、提能力、高发展。

一、培训对象

企业中层管理人员，包括承担部分管理职责的高级技术人员。

二、培训目的

本次培训旨在让企业中层管理人员获得以下收获。

· 明确角色认知，清晰职责定位。

· 掌握优秀的中层管理人员应具备的素质和技能。

· 优化工作计划制定能力，提升工作统筹和沟通协调能力。

· 搭建既有广度又有深度的知识体系。

· 提升团队建设及带领团队的能力，提升授权和个人领导能力。

三、培训需求分析

关于中层管理人员培训的需求分析主要通过以下三方面来进行。

1. 组织层面

从组织层面进行培训需求分析，从企业战略的整体及企业发展目标角度分析中层管理人员需具备的知识和能力，分析企业的经营现状及企业遇到的问题，确定企业的人才结构。由此得出企业对中层管理人员的要求，总结出中层管理人员的培训重点。

2. 任务层面

从中层管理人员的岗位职责角度出发，分析中层管理人员的主要任务和工作内容，确定中层管理人员在日常工作中需具备的能力，总结出中层管理人员的培训重点。

3. 人员层面

从企业中层管理人员的自身需求出发，分析其自身具备的知识、技能，对其职业生涯及发展进行规划，将其个人目标与企业战略发展目标相结合，分析其所需的培训内容，制定有针对性的培训课程。

四、培训课程

管理维度	能力素质	课程名称	课程时间	推荐讲师	讲师简介
自我管理	角色认知	管理者角色认知与能力建设			
	时间管理	基于目标的时间管理			
	情绪管理	压力与情绪管理			
员工管理	团队管理	高绩效团队的打造			
	沟通管理	卓越的沟通技巧			
	领导力	管理者的领导艺术			

（续表）

管理维度	能力素质	课程名称	课程时间	推荐讲师	讲师简介
业务管理	业务技能	经理人岗位技能			
	目标管理	目标设定与沟通			
	战略管理	战略抉择与策略设计			

五、培训实施流程

培训的具体实施流程为：确定培训方案→确定培训讲师→细化培训课程→讲师准备课件及人力资源部审核课件→确定培训课程表→安排培训场地、设备、材料、餐饮住宿等→按培训进度及培训课程实施培训→课程满意度调查及培训效果评估。

六、培训预算

1. 讲师及课程开发费用

讲师及课程开发费用需与确认后的各课程的讲师进行沟通后确定。

2. 场地、设备、材料及食宿费用

该项费用预算在课程设置细化及培训安排细化过程中确定。

第二节 高层管理人员培训方案

高层管理人员全面负责企业的经营管理，企业能否持续经营下去，离不开高层对经济形势的把控以及对企业内外影响因素的分析。因此，高层管理人员的培训重点在于大局意识、决策能力及培养人才。

一、培训需求分析

高层管理人员的培训分析，可从组织、职务、个人 3 个层面进行。

1. 组织层面

高层管理人员的知识、能力及行为方式对企业经营的影响极大，高层管理人员只有对企业所处环境的变化有敏锐的察觉能力，对经济、法律及技术发展趋势实时了解，企业才有可能在危机中生存、发展。所以要从组织层面对企业的发展战略、企业的定位、企业文化、企业存在的问题、组织架构及职能等方面，对企业高层管理人员需提升的知识、技能、素质等进行分析，确定其培训需求。

2. 职务层面

职务层面指的是分析胜任该职务需要进一步提升的能力，分析与其相关的培训需求，并要获得企业高级管理人员的认可，解决其在任职期间遇到的实际问题。

3. 个人层面

企业的高层管理人员有丰富的工作经验和人生阅历，理解能力和思维能力较强，除知识更新以外，他们更注重拓宽视野、开拓思路、启迪思维。对企业内外形势的分析、对经营战略的解读、对企业管理问题的探讨、对人力资源开发的方式方法是其重点关注的内容。

二、培训课程设置

（一）高层管理人员培训的原则

1. 战略性原则

实践证明，企业组织变革源于企业发展战略的调整，高层管理人员培训应以企业发展战略为导向，既要考虑企业当前的发展，又要考虑企业的长远规划，要为企业未来发展做好管理、技术创新和人才储备等各方面的准备。

2. 决策性原则

在企业的经营管理中，高层管理人员的最基本功能就是决策。决策是管理的本质，决策体现的是高层管理者的一种认知、行为方式，也是一种文化现象。所以，高层管理人员的培训课程少不了和决策有关的内容。

3. 动态性原则

随着社会主义市场经济体制的建立与完善，市场竞争日趋激烈，企业外部环境不断变化。这种情况，对企业的高层管理人员提出了更高的要求，需要企业对高层管理人员进行有针对性的培训，提高其应变能力，从而使企业不断适应外部环境的变化。

（二）高层管理人员培训的内容

1. 哲学与思维课程

通过学习中西方哲学思想、逻辑学和唯物辩证法等，培养个人哲学思维，提高个人哲学素养，有利于帮助企业高层管理人员修炼思维，涵养智慧，开阔眼界。

2. 政策法规解读

很多企业管理者认为老子的“无为而治”是管理的最高境界，所谓“无为而治”，其实就是政策治理（指企业的高层管理者处理内外基本矛盾和重要利益关系的方针和原则）。高层管理人员要加强对国家大政方针、新法新规的研究与解读，顺应时代的趋势，这样才能与竞争对手抗衡，才能准确把握住时代的机遇。

3. 战略决策与战略管理课程

战略决策与战略管理已成为高层管理人员把握企业发展脉搏的手段，因此，高层管理人员的培训内容要更侧重战略思想和全局意识，更强调提高高层管理人员的决策能力和决策的前瞻性。具体的培训内容可以包括设定战略目标、过程管理、风险管理等。

4. 团队建设课程

在工作中，任何一个人都不是单打独斗的“勇士”，企业的经营离不开团队成员的协同工作，正如华为创始人任正非所说，企业“只有组织起数十人、数百人、数千人一同奋斗，你站在这上面，才能摸得到时代的脚”。只有所有人心怀使命、目标一致、相互协作，才能创造出高绩效，推动企业发展。因此，设计高层管理人员培训课程时，要加强团队建设方面的培训，培训的典型课程包括高绩效团队建设、团队沟通等。

5. 培养创新能力课程

日本企业家松下幸之助有句名言：“如果你有智慧，请奉献你的智慧；如果你没有智慧，请奉献你的汗水；如果两者你都没有，就请你离开公司。”企业的高层管理人员要时刻关注市场的走向，发现事物的微妙变化，发挥创造性思维，抓住机会开发适销的新产品、新服务，只有不断创新，才能带领企业不断前进。因此，高层管理人员必须是有创新意识的人，培训典型课程有战略创新、创新方式、产品开发等。

三、培训形式确定

高层管理人员可以采用多种灵活的培训方式提高自身的管理能力和

职业素养，比如可以采用案例教学、小组讨论、角色扮演、商业游戏、管理论坛、专题研讨班等培训形式。除此之外，企业可以根据实际情况，使用创新的培训方式。

1. 赴国内外知名企业考察、研修

通过实地考察优秀企业，与该企业高层管理人才进行沟通、交流，学习、吸收先进的管理理念和管理技术，掌握行业最新发展动态，了解国内外市场走向。

2. 参加 MBA 或 EMBA 课程进行学习

企业可以联合著名商学院或大学的管理培训中心，利用其优势教学资源，让高层管理人员系统地学习工商管理或公共管理课程，加速其观念的更新，提升其管理能力。

3. 在线学习

通过参加线上学习，提升高层管理人员的领导能力、管理能力和执行能力。

4. 挂职锻炼

通过工作轮换、岗位对调等方式使高层管理人员了解熟悉子（分）企业经营管理机制和发展目标，全方位激发其潜力，培养复合型人才。

5. 参加行业内的研修班或研讨会

企业的高层管理人员针对知识、技能、素质或者企业的战略转型等主题，有目的地参加行业内的研修班、研讨会，加强企业干部队伍建设。

四、培训效果评估

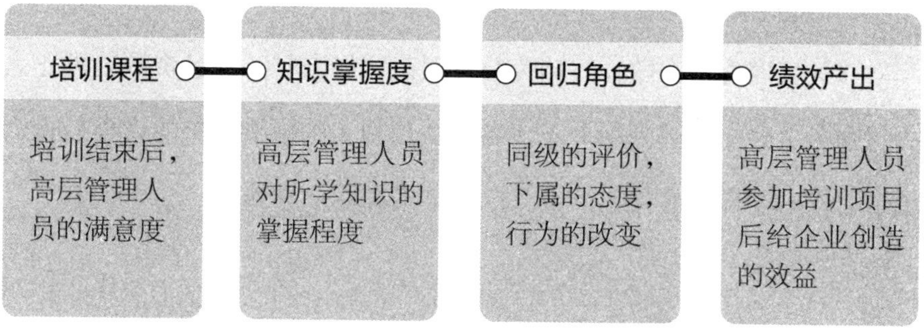

图 10-1　企业高层管理人员培训效果评价

五、实务工具——培训公司提供的培训方案样例（模板）

××公司培训项目方案（建议书草案）

一、培训目的

在初步了解公司的组织架构、企业文化构想以及未来的战略目标后，我们以此培训方案协助建立公司的企业文化、增强公司的核心竞争力、形成持续的竞争优势，并达成以下目标。

（1）协助公司建立未来 5 年战略规划。

（2）提出公司在专业知识、管理方式、财务、组织架构、文化等方面的改革建议。

（3）分析公司未来可能面临的不确定性问题，提出应变措施和建议。

（4）依据前述战略构想，提供必要的高、中层管理人员培训。

（5）公司提出的其他人员培训服务。

二、观念基础

我们的培训架构建立在以下基础之上。

（1）管理的层次性：战略为公司最高指导方针，通过资源管理（人力、财务）分析其对公司业务（各投资项目）的影响。资源管理与投资项目管理必须进行清楚的分隔，以提高资源的使用效率。

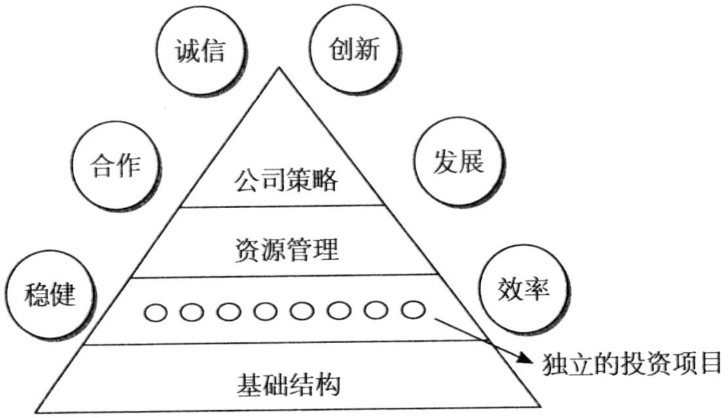

（2）战略机会寻找原则：检视政策、技术、市场所带来的挑战，参考其他典范企业的做法，以掌握未来可能出现的机会。

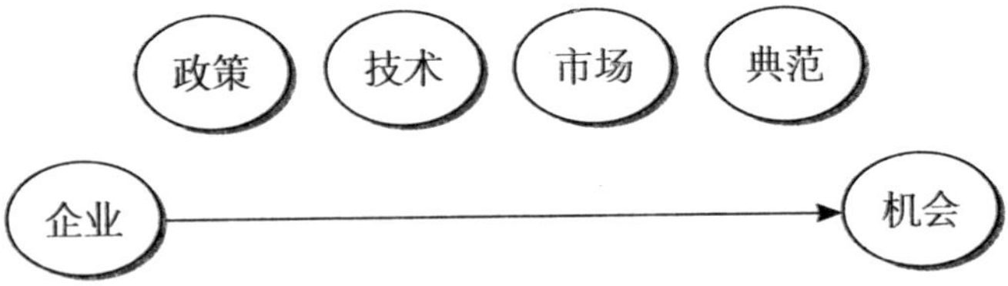

（3）能力与机会配合原则：检视公司在专业知识、财务、管理方式、组织架构、企业文化等方面的配合程度，据此确定未来的改善方案。

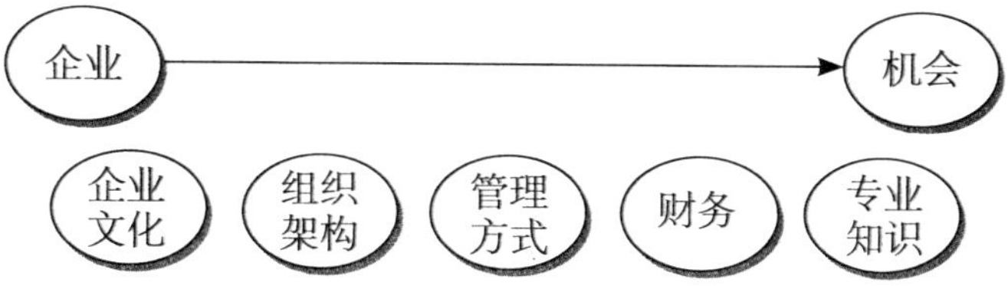

（4）注意战略不确定性问题：公司必须建立互动式的控制系统，妥善处理因环境剧烈变动而产生的不确定性问题。

三、咨询内容

1. 战略机会探索（第一阶段）

（1）与公司高层管理人员会谈，了解公司的经营理念，讨论相关政策、技术、市场将来可能产生的变化。

（2）对政策、技术、市场进行更详细、深入的探讨。

（3）选择性地研究典范企业，思考有否可借鉴之处。

（4）梳理目前的业务范围，找出将来的战略机会。

2. 核心能力的确认及评估（第二阶段）

（1）确认、评估公司的核心能力。

（2）就专业知识、财务、管理方式、组织架构、企业文化等方面进行详细分析。

（3）评估公司的核心能力与目前业务、未来战略的匹配程度，提出改善、发展建议。

（4）将对于前几个方面的建议纳入资源管理、投资项目管理双层管理架构，以利于实际操作。

四、培训内容

公司初建时期，需要有一个强有力的领导，一支有着敏锐的市场洞察力、丰富的管理技能、不断创新的经营管理队伍，以此来提高公司的核心竞争能力。

为此，我们特别设计了以下培训方案，培训课程的设计是基于 4 个层面——战略执行、投资项目管理、资源管理、战略突破展开的。

1. 战略执行

我们设计了以下两门课程，帮助贵公司实现战略目标。

利用平衡计分法衡量公司绩效（1 天）

课程内容：首先推出此门课程，是因为该课程涵盖上图中的各个方面。平衡计分法是目前国际上比较流行的，用以全面衡量公司业绩的一种有效方法，它包括以下几个方面。

· 从客户满意度（Customer Satisfaction）来体现公司绩效。

· 从公司作业流程的效率（Process Efficiency）来反映公司绩效。

· 从公司在创新（Innovation）方面的力度来反映公司绩效。

· 最终，以上三方面在公司业绩上的影响将直接反映在公司的财务状况（Financial Condition）中。

课程目标：此课程将帮助公司的高层管理人员掌握管理的新思路，分析如何从以上 4 个方面全面提升公司整体的竞争力，并分析公司在以上 4 个方面现行的做法，分析其优缺点，提出改进策略。此课程为以后的系列课程起到总括和引言的作用。

组织架构设计（1 天）

课程内容：高效的组织架构是公司健康、持续、稳步发展的基础，此课程将帮助公司的高层管理人员了解高效率的组织架构形式，以及其与组织内的控制、授权、沟通等方面的关系，培训顾问经过前期咨询，还将帮助公司制订出新的、更有效的组织架构模式，从而使“资源管理”与“项目管理”并存式高效发展。

课程目标：此课程将使得公司的高层管理人员了解高效的组织架构模式，并结合公司的具体情况，制订出使公司顺利实现未来 5 年计划的组织架构。

2. 投资项目管理

公司是以投资项目为主体的，故高效的项目管理及团队建设是非常关键的。

项目管理——独立的投资项目层面（2 天）

课程内容：根据公司的经营特性，项目建设与管理是公司经营的重中之重，所以特别设计了“项目管理”课程。此课程将帮助公司的高层管理人员掌握如何筹建一个项目团队，以及掌握“工作分解结构（WBS）”的概念，此课程将介绍项目规划及控制项目进度的工具：计划周期、甘特图（Gantt chart）、计划评估法（PERT）等方法，以及如何运用项目控制系统制定一套增值的预算计划。

课程目标：通过此课程，公司的项目管理人员应能够更加成功地管理项目的每一个步骤，更加精确地进行项目规划、制定项目预算、控制项目进度，更加高效地将项目团队中每一个成员凝聚在一起。

团队合作及有效领导（2 天）

团队合作及有效领导，关系着公司各个部门之间以及全体员工之间的良好合作，是公司进一步发展的良好基石。

课程内容：此课程将帮助公司高层管理人员了解领导风格及情境领导的特征，了解领导在激励者及辅导者两方面的作用，明确自己在一个高效能团队中应起的作用。此课程还将帮助公司高层管理人员了解 3 种团队类型，掌握团队有效运作的准则，并且通过精心设计的模拟式游戏，来观察、诊断团队的工作方式。

课程目标：通过为此课程专门设计的案例分析及模拟式游戏，公司的全体管理人员将理解团队领导各自的特征及区别，能够为其各自的团队设立明确的目标并贯彻下去；在团队面临工作中的挑战时，能够帮助团队成员找出解决方法；能够提高管理者的应变能力，使其掌握带领一个高效能团队的工作程序。

3. 资源管理之策略性财务管理（1天）

课程内容：在资源管理层面，财务管理是非常重要的一个方面，此课程将介绍现行的会计准则，帮助公司高层管理人员掌握制订公司的财务规划、制订财务报告的方法，能够进行信息管理，掌握统计技术等。运用EDI及EFT系统，帮助公司建立管理信息网络，有助于公司制订灵活的计划、预算及财务预测。

课程目标：此课程将帮助公司高层管理人员获得将公司战略分解为可运用的预算及计划的技术，提高决策能力，在面对不确定因素时能有效地控制成本及利用资源。

4. 战略突破

创新管理（1天）

课程内容：此课程将帮助公司的高层管理人员培养创新的思维方式，掌握各种拓宽思路的方式，如头脑风暴法、心智图法及故事板法；帮助高层管理人员识别组织中阻碍创新的种种因素，成功地实施新设想，并能够解释公司的经营目标、战略和创新性思维之间的关系。

课程目标：通过此课程，公司的高层管理人员将能够去除阻碍创新的种种因素，能够在公司中营造出积极接受新思维、新思路的氛围，能够建立一支勇于创新的团队，在日常工作中勇于面对挑战，积极找出解决问题的方法。

风险投资（1 天）

课程内容：介绍风险投资的发展趋势及操作原理，并探讨风险投资常面临的问题。除风险投资本身外，本课程也将介绍其与企业内部创新、并购的关系。

课程目标：强调企业如何通过风险投资基金与外部具创业精神的高新技术人才接轨，从而加大企业的创新力度。

文化整合（1 天）

企业文化是一种无形资产，它是一个公司的灵魂所在，能够起到一种向心力、凝聚力的作用。本课程采用互动式教学法，通过实例研究，将公司的宗旨、企业文化、管理思想以及经营理念真正根植于员工心中，渗透到公司的经营运作中。

五、日程安排

1. 前期诊断咨询

以上培训课程开始前的两星期左右，培训顾问将与公司的 3~5 位高层管理人员（他们同时也需是培训的参与者）进行为期半天到 1 天的沟通，了解公司的组织架构、目前的经营方式、他们在工作中遇到的困扰、希望在哪些方面得到改善，以及希望培训达到的目标等。

2. 授课时间

建议每月安排一门课程，最好在每月中旬，具体日程将体现在培训日程表中。

3. 课后跟踪咨询

培训顾问在授课结束后，将定期跟踪培训效果，发现公司中通过培训尚不能彻底解决的问题，并针对公司中出现的新问题，及时帮助公司找出解决问题的方法或拟定新的培训方案。

4. 培训项目日程安排

为保证培训的针对性和效果，建议根据培训进度和人员情况来确定开始日期。

六、培训方法及过程

培训课程重在以实践为基础的活动设计，具有很高的实际操作价值，学员将会学到实用性的技能。

在培训过程中，培训顾问将运用角色扮演（场景扮演）、案例模拟、小组讨论、互动式方法等提高培训课程的有效性。

附 录

相关表格

附录一　培训需求调查表

序号	部门	岗位	接受培训的人员姓名	希望培训日期或月份	培训性质内训 / 外训	专业课程需求（与本岗位工作职责相关的需求）		个性课程需求（以提升技能为目的的需求）		备注
						培训内容	结果定义	培训内容	结果定义	
1	人力资源部	招聘培训	张三	3—9 月	内训	HR 工作流程	部门考核通过			举例
2	综合部	行政主管	李四	4 月中	外训			电脑知识培训	掌握数据库软件操作技能，并取得培训证书	举例
3										
4										
5										
6										
7										
注：所提需求不代表最终实行方案，公司将根据实际情况进行培训安排										

附录二　培训需求调查问卷
（管理层版）

> 您好！
>
> 为了更好地匹配您的培训需求，使年度培训更具针对性和实用性，对您的日常工作有切实帮助，特附上本调查问卷，敬请提出宝贵建议和意见。我们将对您的反馈进行细致分析，并结合公司战略、业务模式制定 ×××× 年度培训计划。您的建议和意见将得到充分的尊重，我们会认真阅读并对您提供的信息严格保密。
>
> 请于 × 月 × 日前填妥并交还至__________，以便整理统计。
>
> 感谢您的协助与支持，祝您工作愉快！

第一部分　个人基本信息

填写人姓名:______________　　　　填表日期:______________

在本公司工作年限:______________　　所属部门:______________

现任职务:______________

在加入本公司前工作的公司性质: □ 国有企业　　□ 外商独资企业　　□ 合资企业　　□ 私营企业

请您用几句话简单描述您的主要工作职责:

> ①
>
> ②
>
> ③

第二部分　培训认同度

1. 您认为公司对培训工作的重视程度如何:

□ 非常重视　　　　□ 比较重视

□ 一般　　　　　　　　　　　　□ 不够重视

□ 很不重视

2. 您认为培训对于您开展工作、促进个人职业发展能否起到实际帮助作用，您是否愿意参加培训：

□ 非常有帮助，希望多组织各种培训

□ 有较大帮助，乐意参加

□ 多少有点帮助，会去听听

□ 有帮助，但是没有时间参加

□ 基本没有什么帮助，不会参加

3. 您认为自己对于企业培训需求的迫切程度如何：

□ 非常迫切

□ 比较迫切

□ 有一些培训需求，不是那么紧迫

□ 无所谓，可有可无

□ 没有培训需求

4. 以下培训理念，您比较认同哪些（可同时选择 3 项以内）：

□ 培训很重要，公司在逐步发展壮大，应该逐步发展和完善培训体系，帮助员工成长，吸引和留住人才

□ 就公司的特点而言，外部讲师不了解公司的经营状况与业务特点，培训不会有什么效果

□ 基本上，公司招聘来的员工都是有经验的熟手，已经符合公司的要求，不需要花大成本进行培训

□ 主要依靠公司内部的培训力量就够了，让经验丰富、熟悉公司情况的员工或经理来担任讲师就可以

☐ 培训的费用和成本较高，员工流失会给企业带来损失

☐ 其他看法：________________________________

5. 您认为目前您所接受的公司培训在数量上：

☐ 绰绰有余　　☐ 足够

☐ 还可以　　☐ 不够

☐ 非常不够

6. 您认为，本部门内部关于产品知识、行业和市场信息、岗位工作技能的培训、讨论和分享是否充分：

☐ 非常充分　　☐ 充分

☐ 还可以　　☐ 不够充分

☐ 基本没有分享

7. 您目前的学习状态是：

☐ 经常主动学习，有计划地持续进行

☐ 偶尔会主动学习，但没有计划性，不能坚持

☐ 有学习的念头或打算，但没有时间

☐ 工作有需要时才会进行针对性的学习

☐ 很少有学习的念头

8. 最近两年参加过的培训有哪些，效果如何？请列举（包括公司培训、部门培训、个人深造、参加外部培训班等）：

培训时间	培训项目	授课方式	培训效果

第三部分　培训的组织和安排

1. 鉴于公司的业务特点，您认为最有效的培训方法是什么？请选出您认为最有效的 3 种：

☐ 邀请外部讲师到公司进行集中讲授

☐ 安排受训人员到外部培训机构接受系统训练

☐ 拓展训练

☐ 由公司内部有经验的人员进行讲授

☐ 部门内部组织经验交流与分享讨论

☐ 建立网络学习平台

☐ 通过视频等音像资料学习

☐ 建立公司图书库，供借阅

☐ 其他：________________

2. 您认为，最有效的课堂教学方法是什么？请选出您认为最有效的 3 种：

☐ 课堂讲授　　☐ 案例分析

☐ 模拟及角色扮演　　☐ 音像多媒体

☐ 游戏竞赛　　☐ 研讨会

☐ 其他：________________

3. 您认为，以下哪个因素对于公司培训工作的开展效果影响最大：

☐ 领导的重视程度　　☐ 员工的培训参与意识

☐ 培训方式与手段　　☐ 培训时间的安排和时长

☐ 培训组织与服务　　☐ 培训内容的实用性

☐ 培训讲师的授课水平　　☐ 培训效果的跟进

4. 您认为，过去一年举办的培训课程有哪些地方需要改进：

□ 培训内容理论程度应深化　　□ 培训内容实用程度应加强

□ 提高讲师水平　　□ 培训组织服务要更完善

□ 培训形式应多样化　　□ 培训次数太少，可适当增加

□ 培训应少而精　　□ 培训时间安排应更合理

□ 其他：________________________

5. 公司在安排培训时，您倾向于选择哪种类型的讲师：

□ 实战派知名企业管理专家，有标杆企业管理经验

□ 学院派知名教授学者，理论功底深厚，知识渊博

□ 职业培训讲师，有丰富的授课技巧和经验

□ 咨询公司高级顾问，有丰富的项目经验

□ 相关岗位的优秀员工，对公司业务很了解

□ 其他：____________________________________

6. 以下几种讲师授课的风格及特点，您比较看重：

□ 理论性强，具有系统性及条理性

□ 实战性强，有丰富的案例辅助

□ 知识渊博，引经据典，娓娓道来

□ 授课形式多样，互动参与性强

□ 语言风趣幽默，气氛活跃

□ 激情澎湃，有感染力和号召力

□ 其他：______________________

7. 假如，鉴于您在某一领域丰富的工作经验，您被推荐担任某一门课程的内部讲师，您是否乐意：

□ 非常乐意，既可以锻炼自己，又可以分享知识，何乐而不为

□ 乐意，但是没有经验，希望公司能提供关于讲授技巧方面的培训

□ 乐意，但是没有时间做这个事情

□ 需要考虑一下　　□ 不会担任

8. 对于某一次课程来说，您认为多长时间您比较好接受：

□ 2~3 小时　　□ 7 小时（1 天）

□ 14 小时（2 天）　　□ 14 小时以上

□ 无所谓，看课程需要来定　　□其他：________________

9. 您认为培训时间安排在什么时候比较合适：

□ 上班期间，如周五下午 2~3 小时

□ 工作日下班后 2~3 小时

□ 周末 1 天

□ 双休日 2 天

□ 无所谓，看课程需要来定

□ 其他：______________________________

10. 您希望的或者能接受的培训的频率是怎样的：

□ 每周 1 次　　□ 半个月 1 次

□ 每月 1 次　　□ 两个月 1 次

□ 每季度 1 次　　□ 半年 1 次

□ 每年 1 次　　□ 其他：____________________

11. 您希望的培训地点是：

□ 公司的培训教室 / 会议室　　□ 公司外专业的培训教室

□ 酒店多功能厅 / 会议室　　□无所谓

□ 其他：_______

第四部分　培训需求信息

1. 根据本部门员工在过去一年的业绩表现，您认为本部门员工在新的一年的培训需求重点在于哪方面：

☐ 岗位专业技能　　☐ 个人自我管理技能

☐ 企业文化　　☐ 职业道德与素养

☐ 职业生涯规划　　☐ 行业、市场及产品信息

☐ 人际关系及沟通技巧　　☐ 通用基本技能

☐ 其他：____________________

2. 作为管理者，您认为您本人在新的一年的培训需求重点在于哪方面：

☐ 领导艺术　　☐ 管理理念

☐ 管理工具　　☐ 角色认知

☐ 职业道德　　☐ 管理理论

☐ 职业化　　☐ 人员管理技能

☐ 其他：__________

3. 考虑到各部门岗位、职能差异较大，以下问题请您针对本部门的业务特点及管理重点，以文字进行描述。

（1）您认为本部门员工在岗位专业技能方面，需要进行哪些培训（请列举 3 项最紧迫的培训需求）：

① ② ③

（2）您在日常工作（包括个人能力与人员管理中）中经常遇到哪些问题或困难？希望提升哪些方面的能力？希望获得哪些方面的培训或支持？

请举例说明您在日常工作中经常遇到的问题或困难（列举3项）：   您希望提升哪方面的能力：   您希望获得哪方面的培训与支持（请列举3项最紧迫的培训需求）：

（3）您认为本部门员工在日常工作中经常遇到哪些问题和困难？需要提升哪方面的能力？需要公司提供哪些培训与支持？

请举例说明本部门员工在日常工作中经常遇到的问题或困难（列举3项）：   需要提升的能力：   需要公司提供的培训与支持（请列举3项最紧迫的培训需求）：

4. 为了更好地帮助您及部门完成业绩目标，请您根据部门及个人的实际情况，挑选出最希望在 ×××× 年接受的培训。

您认为，以下哪些通用技能课程能帮助本部门员工提升工作绩效（可多选）：			
□《沟通技巧》	□《时间管理》	□《积极心态》	□《公司客服流程》
□《商务礼仪》	□《公司产品及市场》	□《压力与情绪管理》	
如果您所带领的是销售团队，您认为以下哪些销售技能课程能帮助部门员工提升工作绩效（请选出最紧迫的 3 个需求）：			
□《客户管理》	□《人际关系行销》	□《优质客户服务》	□《产品呈现技巧》
□《主动行销》	□《销售谈判技巧》	□《销售心理学》	□《增值型销售技巧》
请从以下管理技能培训中选择您所需要的、认为最紧迫的 4 个培训需求：			
□《目标管理》	□《高层战略管理》	□《年度经营计划制订》	□《提升领导力》
□《业务管控》	□《跨部门沟通与合作》	□《非 HR 的人力资源管理》	□《提升执行力》
□《员工激励》	□《高绩效团队建设》		

5. 除本问卷所涉及的内容，您对公司培训还有哪些建议和期望？或者您还期望学到哪些方面的知识？

感谢您填写此问卷，感谢您的大力支持！

附录三　培训签到表

培训内容		培训方式	
培训时间		培训地点	
培训主讲人			
签　到			

附录四　培训记录表

<table>
<tr><td>培训时间</td><td></td><td>培训地点</td><td></td></tr>
<tr><td>培训主讲人</td><td></td><td>培训参加人</td><td></td></tr>
<tr><td colspan="4">培训内容：</td></tr>
<tr><td colspan="4">培训评价：</td></tr>
</table>

附录五　培训效果评估表

部　门：　　　　　　　　　　　　姓　名：

培训内容：　　　　　　　　　　　培训时间：

请就下面每一项进行评价，并请在相应的分数上打“√”。

课程内容	很差	差	一般	好	很好	优秀
1. 课程内容是否符合您工作和个人发展需要	5	6	7	8	9	10
2. 课程知识深度是否适中、易于理解	5	6	7	8	9	10
3. 课程内容是否切合实际、便于运用	5	6	7	8	9	10
培训讲师	**很差**	**差**	**一般**	**好**	**很好**	**优秀**
4. 培训讲师的语言表达是否清楚，态度是否友善	5	6	7	8	9	10
5. 培训讲师对培训内容是否有独到的见解	5	6	7	8	9	10
6. 培训讲师是否鼓励学员参与，现场气氛活跃	5	6	7	8	9	10
7. 培训讲师对学员提问是否做出回答并给予指导	5	6	7	8	9	10
培训收获	**很差**	**差**	**一般**	**好**	**很好**	**优秀**
8. 获得了适用的新知识和新理念	5	6	7	8	9	10
9. 获得了可以在工作上应用的一些有效的技巧或技术	5	6	7	8	9	10
10. 促进客观地审视自己以及自己的工作，帮助自己对过去的工作进行总结与思考	5	6	7	8	9	10
11. 整体上，您对这次课程的满意程度是： A. 不满　　B. 普通　　C. 满意　　D. 非常满意						
12. 您给予这次培训的总体评分是（满分以 100 分计）：						

（续表）

<table>
<tr><td>13. 本次培训你认为哪些内容对你帮助最大：

14. 您认为课程或讲师最应改进的地方有哪些：</td><td>15. 请您对培训提出其他建议或培训需求：</td></tr>
<tr><td colspan="2">说明：
1. 填写完整后请及时将本表交至培训工作人员；
2. 请给予您真实的意见，以帮助我们不断提高培训质量与水平。
您的宝贵意见将反馈到人力资源部，如有任何疑问请联系人力资源部，感谢您的配合！</td></tr>
</table>

附录六　岗位指导规划表

姓名：______ 性别：______ 年龄：______ 学历：______ 联系电话：__________

现住址：______________________ 入职时间：______________________

入职部门：____________________ 入职岗位：______________________

人力资源部培训导师：__________ 入职部门培训导师：______________

	序号	预计时间	培训 / 工作任务内容	培训方式	完成情况
公共培训	1	年 月 日	公司概况：发展历史、组织架构、产品介绍、市场概况		□完成 □基本完成 □尚未完成
	2	年 月 日	公司制度：人事制度、行政制度、安全规章制度		□完成 □基本完成 □尚未完成
	3	年 月 日	岗位引导：岗位职责、岗位要求、工作介绍		□完成 □基本完成 □尚未完成

（续表）

	序号	预计时间	培训 / 工作任务内容	培训方式	完成情况
业务培训	1	年 月 日			□完成 □基本完成 □尚未完成
	2	年 月 日			□完成 □基本完成 □尚未完成
	3	年 月 日			□完成 □基本完成 □尚未完成
	4	年 月 日			□完成 □基本完成 □尚未完成
	5	年 月 日			□完成 □基本完成 □尚未完成
	6	年 月 日			□完成 □基本完成 □尚未完成
	7	年 月 日			□完成 □基本完成 □尚未完成
工作任务	序号	日期	工作任务内容	完成情况	
	1				
	2				
	3				